AF359341

BIOGRAPHIE DE M. JOBARD

LYON

TYPOGRAPHIE DE B. BOURSY,
Rue Mercière, 92.

BIOGRAPHIE

DE

M. JOBARD

DIRECTEUR DU MUSÉE D'INDUSTRIE DE BRUXELLES

Par André PEZZANI,

AVOCAT A LA COUR IMPÉRIALE DE LYON,
LAURÉAT DE L'INSTITUT.

EXTRAITE DE FEUILLETONS PUBLIÉS DANS *L'INDUSTRIEL FRANÇAIS.*

LYON

BUREAUX DU JOURNAL L'INDUSTRIEL FRANÇAIS,
RUE DE MARSEILLE, 3.

1862

INTRODUCTION.

Après une courte esquisse biographique sur l'éminent directeur du musée d'industrie à Bruxelles, nous apprécierons cet homme remarquable sous le triple point de vue de sa manière d'écrire, de ses inventions dans l'industrie et les arts, et de ses pensées pour les progrès de l'humanité. Nous insisterons beaucoup plus, on le comprend, sur ses qualités d'inventeur, à cause de la spécialité de notre journal; et parmi ses découvertes, nous exposerons surtout celles dont nous n'avons pas parlé.

Il est des noms malencontreux fort difficiles à porter (nous sommes pleinement ici de l'avis de son historiographe, M. Luthereau, secrétaire-général de l'Institut polytechnique universel, qui a publié une brochure sur notre personnage, à laquelle nous renverrons ceux de nos lecteurs qui voudraient avoir des détails biographiques plus étendus (1).

---

(1) Paris, au bureau de l'Institut polytechnique, rue du Hanovre, 6.

JOBARD est au nombre de ces noms-là ; aussi a-t-il fallu que l'homme de talent qui le porte fût triplement doublé de l'homme d'esprit pour réussir à le faire saluer et accepter.

Je me souviens, dit M. Luthereau, qu'en 1857, un grand procès fut intenté par tous les appareilleurs de gaz réunis pour faire tomber dans le domaine public un procédé de *cherche-fuites* nouvellement inventé. L'avocat impérial ayant cité à l'audience l'opinion de M. Jobard, de Bruxelles, l'auditoire se prit à ricaner, — car, en France, on rit de tout, même de son nom, *jobard* étant synonyme de niais, de crédule, d'actionnaire. — Mais aussitôt l'avocat Senart se leva et, avec cet esprit de repartie qui lui est familier, il se tourna vers le public et dit :

« Oui, Messieurs, JOBARD, qui, au lieu de *changer* son nom... comme beaucoup d'autres..., a préféré l'*illustrer*. »

Cette saillie fit fortune et elle fut accueillie par un murmure tellement approbateur que le président fut obligé de dire aux huissiers : « Messieurs, faites faire silence, ou je vais faire évacuer la salle. »

Ses ennemis (et M. Jobard en eut, avec son talent et son caractère peu souple et peu pliant, quoique excellent au fond, il ne pouvait pas manquer d'en avoir) décochèrent à l'envi des sarcasmes à propos de son nom. Il leur répondit par la spirituelle boutade que voici et qui mit tous les rieurs de son côté. Il prétendit descendre en ligne directe de la barbe de Jupiter, *Jovis barba*, et il expliquait ainsi sa généalogie céleste :

« I. E. O. A. sont les quatre premiers vocables que balbutia l'humanité, dont on fit : — JEHOVAH !

» Mais comme ce nom avait été déclaré *ineffable* (infandum), et qu'il fallait pourtant bien en parler, on le transforma en I E O A N, *Iesus, Zeus, Deus, Theos, Ian, Jehan, John, Ivan, Ianco, Iao, Iou.* — Jovis barba, *Jobard,* cousin de la joubarbe, frère de Bacchus, qui est sorti de la cuisse de Jupiter d'un coup de couteau, comme Minerve est sortie tout armée de son cerveau d'un coup de marteau; tandis que le Jobard tombait de sa barbe d'un coup de peigne.

» Après l'expulsion de Jupiter et de sa dynastie, on se moquait des bacchusiens et des jobards, que les gamins de Rome poursuivaient des cris d'*Evohé-Bacché,* d'*Evohé barde,* d'où est venue la risée qui s'attache encore à leur nom. »

Maintenant que nous connaissons l'origine céleste de M. Jobard, d'après M. Jobard lui-même, disons un peu son origine humaine, puis nous esquisserons à grands traits sa biographie.

Il naquit en 1792, à Baissey, petite commune de la Haute-Marne (canton d'Aprey). Son père fut maire de Baissey pendant trente-deux ans. Après lui avoir fait donner une éducation soignée, ce dernier conduisait son fils à l'Ecole polytechnique, quand on le nomma en Hollande, pour présider à l'organisation du cadastre, second vérificateur à Groningue. Passons rapidement sur cette partie de la vie de notre héros; il rentre en Belgique l'an 1828, et là il fonde une lithographie appelée à rendre d'inappréciables services. Survint la révolution de 1830 qui ruina la lithographie royale par les faillites de ses correspondants.

On sait que la Belgique s'émancipa à cette époque et se sépara brusquement de la Hollande. Surgirent alors des hommes nouveaux apportant des idées nouvelles. M. Jobard rédigea un mémoire contenant un projet d'organisation d'un musée industriel, sous la protection du monarque et fondé dans des idées progressives. Ce mémoire fut présenté aux chambres et accepté par elles, qui chargèrent son auteur de l'exécution du plan si bien expliqué par lui. Il fut donc nommé directeur du Musée d'industrie, fonction qu'il a exercée jusqu'à sa mort et pendant laquelle il fut inventeur, savant et journaliste. C'est pendant cette époque que **M. Jobard a mené une vie excessivement active, entretenant des correspondances avec les savants étrangers, écrivant dans une foule de revues et de journaux,** soit en France, soit en **Belgique et ailleurs; composant un nombre** considérable de brochures et de livres, et exécutant des **inventions** immortelles dont nous parlerons par la suite. Il fut nommé officier de la Légion d'honneur par l'empereur Napoléon III, à la suite de l'exposition de Dijon dont il avait été le rapporteur heureux et habile dans un journal créé tout exprès.

Cependant le gouvernement belge ne répondit à tant de gloire et à tant de mérite que par une noire ingratitude; suscitant des tracasseries de toute sorte à l'éminent directeur du musée, lui rognant d'abord les frais du logement primitivement attaché à cette place, ensuite ses frais de correspondance. C'est que M. Jobard ne sut jamais se plier au métier de courtisan et de flatteur. M. Luthereau apprécie comme nous les raisons du peu de faveur que ses services incontestables et sa haute valeur a rencontré. Voici comment il s'exprime à ce sujet :

« Pour les gens qui ne le connaissent pas, il doit y avoir une cause à tant d'ingratitude, après tant de services rendus. Il y en a une, en effet, et c'est une faute irrémissible. Jobard est un homme de talent dans toute l'acception du mot. Il possède surtout cet esprit de critique qui, sans être méchant, s'éparpille en fusées brûlantes et revêt souvent une forme âpre et sarcastique. C'est là le motif sérieux de cette succession de petites disgrâces. Journaliste, il a fait beaucoup de trous à l'amour-propre et à la vanité d'un tas de niais qui ne le valent pas, mais qui, se sentant blessés, se sont redressés et l'ont mordu au talon.

» L'amour-propre irrité ne pardonne jamais !...

» De là, une multitude de petites rancunes, qui se traînent à plat ventre dans l'ombre et se traduisent sous mille formes tracassières. De là des vexations. Au lieu de se faire aimer, Jobard s'est fait craindre. S'il eut été plus souple et plus rampant, il fut entré dans les conseils du gouvernement, d'où la tournure gênante de son esprit frondeur l'a fait éloigner. Jobard n'en est pas moins un excellent homme, un très aimable causeur, qui vous étonne par l'imprévu et la vivacité de ses raisonnements et vous subjugue très-facilement par le charme de sa parole. Cette faculté de bien dire et d'intéresser, se retrouve, du reste, dans tous ses livres, qui ne sont très-souvent que la continuation de ses ravissantes conversations. »

Ce portrait a du vrai et il est tracé par un homme qui l'a bien connu et qui a vécu dans son intimité.

M. Jobard se plaignait quelquefois avec une certaine amertume des injustices dont il était l'objet, le plus souvent cependant il acceptait les événements avec un stoïcisme résigné :

« Il y a longtemps que je me suis dit, écrit-il à un de ses amis, que je n'étais qu'en passant dans cette mauvaise auberge, où ce n'est pas la peine de défaire sa malle ; ce qui m'a fait supporter sans douleur les avanies, les injustices, les vols dont j'ai été une victime privilégiée, c'est cette idée qu'il n'y a pas ici-bas un bonheur ou un malheur qui vaille la peine qu'on s'en réjouisse ou qu'on s'en afflige. J'ai travaillé, travaillé, travaillé, ce qui m'a donné la force de fustiger mes adversaires les plus acharnés, et de tenir les autres en respect, de sorte que je suis maintenant plus heureux et plus tranquille que les gens qui m'ont escamoté un héritage de vingt millions. »

Il est mort subitement le 27 octobre 1861 sans avoir été malade auparavant, et sans que rien fît présager une fin aussi prompte.

La mort de M. Jobard a été comme sa vie ; ses obsèques ont été célébrées sans pompe, comme s'il avait dû être modeste jusque dans le cercueil. Mais ce qui a lieu de nous surprendre, c'est que le cortège qui l'accompagna jusqu'à sa dernière demeure ne comptait que deux représentants du monde officiel, malgré l'importance de la fonction publique qu'il remplissait si dignement depuis plus de vingt ans en Belgique.

Aucun honneur funèbre n'a été rendu à sa dépouille

mortelle, car bien que mieux naturalisé encore en Belgique par de longs et précieux services qu'il ne l'était par la loi, M. Jobard, décoré de plusieurs ordres étrangers, ne l'était pas de l'ordre de Léopold.

Il n'y avait là que des amis ou des admirateurs véritables, presque tous hommes d'une valeur incontestée ; avocats, journalistes, économistes, industriels, parmi lesquels nous citerons, entre autres : MM. Proudhon, les anciens ministres De Decker et L. Veydt, Jottrand, Molinari, Nève, Halot, de la maison Cail, Halot et Cᵒ, Cazanave, etc.

C'est que M. Jobard n'appartenait ni à une école, ni à un parti ; il n'était d'aucun camp ni d'aucune petite église, et ne pouvait, par conséquent, compter que sur les sympathies des esprits distingués, sur l'affection des hommes désintéressés, point sur celles des coteries.

M. de Molinari, professeur au Musée royal d'industrie, directeur du journal *l'Economiste belge*, a prononcé sur la tombe de M. Jobard le discours suivant :

« Messieurs, permettez-moi de dire quelques paroles d'adieu à l'ami que nous venons de perdre et que j'ai eu la douleur de voir mourir. Il est mort usé par le travail plus encore que par l'âge. Peu d'hommes ont autant travaillé : ingénieur, industriel, inventeur, journaliste, poète, il a touché à toutes choses, et sa vive intelligence a éclairé tout ce qu'elle touchait. Son premier mérite a été celui du vulgarisateur. Il a créé, on peut le dire, la langue de l'industrie. Avant lui, c'était quelque chose d'aride, d'indigeste et de barbare. Grâce à ses images pittoresques, à ses comparaisons ingénieuses et originales, il l'a rendue intelligible et attrayante pour tous.

Ses comptes-rendus des expositions industrielles sont des modèles qu'on n'a point surpassés. J'ajoute,—ce qui vaut mieux encore, — que les éloges qu'il y a distribués à pleines mains, ont fait la fortune de bien des gens, sans jamais contribuer à augmenter la sienne.

» Mais son principal titre à notre reconnaissance à nous tous, hommes de lettres, artistes, inventeurs, c'est d'avoir le premier mis à l'ordre du jour la question de la propriété intellectuelle. Quand il s'occupait d'industrie , il avait été frappé de l'inégalité de la rémunération de ceux qui inventent et de ceux qui se bornent à mettre en œuvre les inventions d'autrui, et il consacra dès lors sa vie à revendiquer les droits du travail intellectuel à la récompense légitime de la propriété. Cette cause, il a été le premier à la plaider, et pendant trente ans il l'a plaidée sans se laisser décourager un seul jour par l'inattention des uns , les rebuffades des autres ; enfin, ses idées ont commencé à passer dans les législations, et si l'homme de lettres , l'artiste, l'inventeur ont vu s'améliorer leur sort, s'ils ne sont plus obligés de tendre la main à un Mécène, s'ils peuvent espérer de léguer un jour à leurs enfants un patrimoine acquis par leur travail, c'est surtout aux efforts persévérants et désintéressés de cet infatigable promoteur de la propriété intellectuelle qu'ils en sont redevables. Sans doute il exagérait quelquefois cette idée qu'il avait faite sienne, il se faisait illusion sur sa portée ; mais son nom n'en demeurera pas moins attaché à la constitution de la propriété des œuvres de l'esprit. Je dirais : ce sera sa gloire, si ce mot gloire ne sonnait creux en présence d'une tombe. Mais il y a mieux que la gloire, il y a le sentiment du devoir accompli. Quelles que soient nos pensées sur la destinée qui nous attend quand nous serons rentrés comme lui au sein de notre mère commune, nous comprenons, nous sentons tous que notre intelligence, que nos facultés sont un fonds qui nous a été prêté pour que nous en fassions un bon et utile usage, et que chacun de nous est obligé de rendre en proportion de ce qu'il a reçu. Eh bien! ce devoir, il l'a largement rempli. Pendant que tant d'autres ravalent leur intelligence en la mettant au service d'un intérêt égoïste et d'une ambition vulgaire, il a élevé et ennobli la sienne en la mettant, avec un désintéressement qui ne s'est jamais démenti, au service de la justice et de la vérité.

BIOGRAPHIE DE M. JOBARD.

CHAPITRE PREMIER.

*M. Jobard littérateur. — Caractère de son talent d'écrivain. —
Citations. — Cause du martyre des grands inventeurs. —
L'Egalité, fable. — Lettre à M. Allan-Kardec. — Le spiritisme
à Lyon.*

Si nous voulons apprécier le talent littéraire de M.
Jobard, nous dirons de lui : Son style était clair, il était
vulgarisateur par excellence, même dans les matières
les plus difficiles et les plus obscures de l'industrie et
de la science. Son genre était humoristique avant tout
et primesautier. Il étonnait par des saillies et par des
allusions inattendues où éclatait son immense érudition
et son jugement fin des hommes et des choses. Il ma-
niait habilement l'arme de l'ironie, et il terrassait ses
adversaires en jouant. Spirituel causeur, il semblait con-
verser toujours en écrivant, et même en s'élevant dans
les nues, il ne quittait jamais la terre, et aux choses les
plus sublimes et les plus grandioses, il mêlait souvent
des trivialités qui surprenaient et dépistaient le lecteur,

tellement que celui-ci se demandait étonné si ce qu'il venait de lire était sérieux, ou si l'auteur avait voulu plaisanter. Or, ce qu'il y a de bon à noter, c'est que M. Jobard plaisanta rarement, et qu'il y avait constamment à faire fond même de son apparent badinage. Pour justifier ce portrait du littérateur, tracé d'après nature, nous allons faire différentes citations par lesquelles on jugera de sa manière d'écrire en tous genres.

Nous donnons le premier fragment *in extenso* et sans y changer une syllabe, parce qu'il est sublime et parce qu'il dépeint M. Jobard tout entier :

CAUSE DU MARTYRE DES GRANDS INVENTEURS.

Pourquoi tous les hommes de génie, tous les réformateurs, tous les soldats de la vérité, tous les inventeurs enfin, sont-ils comme prédestinés à servir d'holocauste au progrès de l'humanité? — C'est parce qu'ils vont droit à l'ennemi, la poitrine découverte, la bannière déployée, sans chercher à se blottir derrière les haies, à s'abriter dans les fossés, à se cacher derrière de malheureux plastrons qu'ils font tuer pour eux; c'est, en un mot, parce qu'ils manquent de prudence, de ruse et de savoir-faire, selon le monde.

— Comme vous seriez riche, comme vous seriez fêté, honoré et recherché avec votre talent et votre mérite, leur disent les cauteleux amis qui leur restent, si vous étiez plus tolérant, plus complaisant, plus flatteur enfin, pour les grands, les puissants et les maîtres de la terre, quels que soient leur ignorance, leurs défauts, leur caprices.

Le vice étant le pivot de la société actuelle, il est imprudent d'y toucher; car, enfin, vous ne pouvez espérer de changer l'axe du globe. — Dans votre intérêt.

> Ne dérangez pas le monde ,
> Prenez chacun comme il est.

— Dans mon *intérêt*, vous avez raison, répond l'homme de cœur; mais sachez que c'est dans l'intérêt général que je dois tra-

vailler, et qu'il n'y a rien de plus lâche que ce que vous me con-
seillez.

Autant vaudrait dire au soldat qui s'apprête à fondre sur l'ennemi
de la patrie : Mon ami, vous allez vous faire tuer ; cachez-vous dans
cette cave, évadez-vous par ce chemin couvert, c'est *dans votre
intérêt* que je vous le dis ; vous reviendrez après la bataille, en
criant bien haut que c'est vous qui l'avez gagnée et vous aurez de
l'avancement, des honneurs et de la gloire.

— Voyez celui-ci, voyez celui-là, comme ils sont conservés, consi-
dérés, honorés, décorés ; ils n'ont pourtant ni votre talent, ni votre
génie, ni votre courage ; avec des qualités bien ordinaires mises
en œuvre, avec un savoir-faire extraordinaire, ils avancent et vous
reculez, ils s'enrichissent et vous vous ruinez ; semblables à ce
brutal de Proudhon, vous dédaignez, vous méprisez, vous foulez
aux pieds, sans ménagement, les préjugés, les erreurs, les sots et
les méchants. Vous tombez sans pitié sur la fausse science, la fausse
vertu, la fausse politique, le faux patriotisme, la fausse philosophie
et les faux cultes. Vous n'avez aucune indulgence pour l'égoïsme,
chose bien naturelle cependant, et l'ambition, sentiment fort res-
pectable en soi.

Je vous le répète, dans votre intérêt, dans celui de votre famille, de votre vie peut-être, gardez le silence sur les turpitudes,
les platitudes, les injustices et les fraudes universelles auxquelles
le monde est habitué ; mais il ne l'est pas à les voir divulguer et flétrir.

L'honnête homme étant seul contre tous, ne vous étonnez pas
qu'il soit calomnié, réprouvé et pendu !

— Croyez-vous que *le diable* n'ait pas donné des conseils semblables aux vôtres au Christ sur la montagne, en lui offrant toutes
les couronnes de la terre qu'il aurait pu empiler sur sa tête, en
transigeant avec les vices et les erreurs qu'il avait mission de com-
battre ? Eh bien ! tout homme de cœur, d'honneur et de génie, n'est
qu'un continuateur obligé de l'œuvre de la rédemption ; il doit souf-
frir le martyre pour tirer l'humanité des limbes de l'ignorance et
du crime dans lesquelles elle est tombée par sa faute, par sa très-
grande faute.

Qu'est-ce, après cela, que l'intérêt privé, personnel, ipséiste,
pour un esprit supérieur en mission, qui entend sans cesse la voix

de sa conscience qui lui crie : Marche! marche et frappe sans re-
lâche sur la bête aux cent têtes qui menace d'engloutir le genre
humain. Tu succomberas, tu périras dans cette lutte affreuse, sois-
en certain.

Mais d'autres te succéderont et dans un temps donné la victoire
du bien sur le mal est assurée; le comble du malheur serait de
croire à l'impossibilité du bien; or, n'est-ce donc rien que l'éternelle satisfaction d'y avoir contribué?

Qu'est-ce que tous les trésors, toutes les jouissances éphémères
de la terre, en présence de ce que l'éternité réserve à ces généreux
lutteurs? Marche ! marche! et frappe sans t'inquiéter des fourmis
qui te mordent les talons et des taons qui s'attachent à toi, pour
passer à la postérité comme un insecte passe à la frontière caché
dans la crinière d'un généreux coursier.

Après cet admirable passage, qui a été pour M. Jobard
le chant du cygne, car il a été écrit quelques jours avant
sa mort, citons une fable charmante, *l'Egalité,* qui fera
connaître une des faces nouvelles de notre auteur vraiment universel. Cette fable n'a jamais été imprimée ainsi
que nous la donnons, car M. Jobard en a fait des correc-
tions de sa propre main, et il nous l'a envoyée. On peut
dire que notre journal a la primeur de la version nouvelle, d'après M. Jobard lui-même. Nous citons cet apo-
logue, abstraction faite de toute allusion politique, comme l'illustre écrivain l'avait composé ; on n'y verra qu'un
badinage plein d'esprit.

L'ÉGALITÉ.

A bas les ormes et les frênes !
A bas les hêtres et les chênes !
Et tous ces géants des forêts
Qui font un éternel dommage
A la ronce, à l'épine, aux chardons, aux genêts !
Il faut à tous égal partage

De terre et d'air, de lumière et d'ombrage !
Sans les taillis le gazon grandirait,
        La mousse aussi s'élèverait ;
        Car, devant les lois générales,
        Toutes les plantes sont égales !...
Valeureux bucherons, frappez tous à la fois,
Obéissez à Dieu, qui parle par ma voix !
        Mettez-moi tous ces bois en corde
        Pas de pitié, pas de miséricorde !
        Et même les arbres à fruit,
        Et qu'à la fin de la journée,
        Tout soit tombé sous la cognée.
        Enfin c'est fait, tout est détruit.
Vous allez voir, comme dans cette enceinte
        Va régner l'égalité sainte.
        Comme tout grandira, l'été,
        Au soleil de la liberté !
        En effet, la saison suivante,
        On vit la ronce triomphante
        Monter au niveau du chardon ;
        Le pas-d'âne et le liseron
        Se pavaner d'un air superbe,
        Au milieu de la mauvaise herbe,
        Qui dominait dans le canton :
        Mais leur règne ne fut pas long.
        Au bout de la troisième année,
        Cette forêt, guillotinée,
        A perdu son *égalité*,
        Et la sève aristocratique
        Retrouvé son allure antique,
        Présent de la divinité.

        Chêne redevient chêne,
        Buisson reste buisson,
        Frêne redevient frêne,
        Chardon reste chardon,
        La mousse reste mousse,
        Et tout enfin repousse

Exactement
Comme devant.

MORALITÉ. — *Républicains, Socialistes,*
Radicaux et *Communistes,*
Quand vous aurez tout rasé,
Tout démoli, tout embrasé ;
Quand vous aurez coupé la tête
A tous les grands, à tous les gens d'esprit,
Le sot en sera-t-il moins bête,
Et le nain moins petit ?

Nos autres citations seront prises des écrits que M. Jobard a consacrés au spiritisme. Et vraiment, je ne concevrais pas que, sous le prétexte fallacieux de sauvegarder sa mémoire, on jetât un voile sur cette portion la plus importante de sa vie et de ses croyances. Vous vous dites hypocritement ses amis, et vous avez soin de sa gloire ! Non, que les masques tombent, et nous voulons vous les arracher ! En avouant que ce grand homme a cru en Dieu, en l'immortalité de l'âme, vous vous condamneriez, faux savants et esprits forts suivant le monde, mais au demeurant ignorants et esprits faibles. Oui, nous le disons hautement, et nous le prouverons à l'honneur même de notre noble ami, M. Jobard a cru à l'intervention possible et réelle des esprits dans l'humanité ; c'est ce qui a donné la vie et le mouvement à sa science et à ses inventions ; c'est ce qui fait l'originalité sublime de son beau caractère et de ses pensées. Cela dit, poursuivons....

Nous ne jugeons pas d'ailleurs présentement ni les inventions, ni les doctrines de M. Jobard. Nous nous attachons à faire connaître son talent d'écrivain, abstraction faite des opinions, son style fin, aimable et familier, toujours mêlé de traits humoristiques contre les abus et les préjugés. C'est pour cela que nous avons choisi cette lettre, parce qu'elle est peu connue d'une part, et que de l'autre elle peut donner une idée très-exacte de la manière épistolaire de l'auteur. La fin en est charmante. M. Jobard se défend, en les terrassant, des niais qui lui reprochaient, à lui savant et industriel, d'avoir la faiblesse de croire en Dieu et en l'immortalité humaine.

La lettre suivante a été adressée à M. Allan Kardec.

Bruxelles, 18 août 1861.

Mon cher Maître,

Je viens de visiter les spirites de Metz, comme vous avez visité ceux de Lyon, l'an passé; mais au lieu de pauvres ouvriers, simples et illettrés, ce sont des comtes, des barons, des colonels, des officiers du génie, des anciens élèves de l'Ecole polytechnique, des savants connus par des ouvrages de premier mérite.

Eux aussi m'ont offert un banquet, mais un banquet de payens, qui n'avait rien de commun avec les modestes agapes des premiers chrétiens; aussi l'esprit de Lamennais leur a-t-il donné sur les doigts en ces termes. (*Suit la dissertation du prétendu Lamennais.*)

Ceci serve de leçon aux Lucullus, aux Trimalcions parisiens qui dévorent en un dîner la subsistance de cent familles, en prétendant que Dieu leur a donné les biens de la terre pour en jouir.

Pour en jouir, soit, mais non pour en abuser au point d'altérer la santé du corps, de l'esprit et de l'âme.

A quoi servent, je vous le demande, ces doubles, triples et qua-druples services, cette superfluité croissante des vins les plus dé-licats, auxquels Dieu semble avoir enlevé leur saveur, par un mi-racle inverse de celui des noces de Cana, et qu'il change en poison pour ceux qui perdent la raison au point de devenir insensibles aux avertissements de leur instinct animal.

Quand le spiritisme, répandu dans les hautes classes de la société, n'aurait pour effet que de mettre un frein à la gloutonnerie et au

2

orgies de la table des riches, il rendrait à la société un service immense, que la médecine officielle n'a pu lui rendre ; car les médecins eux-mêmes approuvent volontiers les excès qui leur fournissent le plus de malades, le plus d'estomacs à désobstruer, le plus de rates à désopiler, le plus d'urètres à désincrustrer, le plus de goûteux à consoler, puisqu'ils ne savent pas les guérir.

— Milord, vous buvez dix bouteilles de champagne par jour, c'est trop ; si vous voulez guérir, il faut absolument vous réduire à six ; cela vous sera pénible, je le sens, mais cela est nécessaire ; si vous avez ce courage, je vous ferai vivre cent ans ! — Grâce, cher docteur, accordez-m'en deux de plus et j'essaierai !

Voilà des colloques plus frequents qu'on ne croit, et auxquels une bonne apoplexie vient mettre fin.

Je vous dirai, cher maitre, que j'ai trouvé à Metz des maisons d'ancienne noblesse, très-religieuses, dont les grand'mères, les mères, les filles, les petits-enfants, et jusqu'aux ecclésiastiques leurs gouverneurs, obtiennent par la typtologie des dictées magnifiques, bien que d'un ordre inférieur à celles des savants médiums de la société dont je vous parle ; parce que les communications sont d'autant plus élevées que le cercle est plus savant et plus intelligent. Les esprits proportionnent leur enseignement à la hauteur de ceux qui les demandent. Cette remarque ne souffre guère d'exceptions.

Quand un cercle sera composé de mortels supérieurs, il n'aura jamais de réponses banales, triviales et vulgaires. Qui se ressemble s'assemble ; un humanimal se trouverait mal à son aise dans un cercle académique ici-bas, comme là-haut ; car si tout est dans tout, tout est comme tout sur la terre comme au ciel.

Ayant demandé à deux esprits ce qu'ils pensaient de certains livre, l'un nous dit qu'il l'avait lu et médité, et en fit le plus grand éloge ; l'autre avoua qu'il ne l'avait pas lu, mais qu'il en entendait dire le plus grand bien autour de lui ; un autre le trouvait bon, mais lui reprochait quelque obscurité ; exactement comme on en juge ici-bas.

Un autre nous exposa une comosgonie des plus séduisantes, qu'il nous donnait comme la pure vérite, et comme il allait jusqu'à l'affirmation des secrets de Dieu sur l'avenir, je lui demandai s'il était Dieu lui-même, ou si sa théorie n'était qu'une belle hypothèse de sa part; il balbutia et reconnut qu'il s'était trop avancé, mais que pour lui c'était sa conviction. A la bonne heure!

Dans peu de jours vous recevrez la première publication des *spirites* ou *spiritualistes* de Metz, dont ils ont bien voulu me prier d'être le parrain; vous en serez content, car c'est bien! vous y trouverez deux discours de Lamennais sur la prière, qu'un prêtre a lus au prône, en déclarant que ce ne pouvait être l'œuvre d'un homme.

Mme de Girardin les visite comme vous, et vous y reconnaîtrez son esprit, son cœur et son style.

L'église de Metz m'a prié de la mettre en communion avec l'église belge, qui ne se compose encore que de deux médiums, dont l'un Français et l'autre Anglais. Les Belges sont infiniment plus raisonnables, ils plaignent de tout leur cœur un homme d'une intelligence aussi grande que la mienne, sur toutes les matières de l'industrie et des sciences, de donner dans cette folie, de croire à l'existence, et de plus à l'immortalité de l'âme. Ils se détournent avec pitié, en se disant : Qu'est-ce que c'est que de nous! C'est ce qui m'est arrivé hier soir, en leur lisant votre revue, que je croyais devoir les intéresser, et qu'ils prennent pour un recueil de canards composés par vous pour amuser les   **JOBARD.**

Nous avons dit en commençant ce chapitre que M. Jobard savait manier admirablement l'arme terrible de l'ironie, et nous allons en donner la preuve par une dernière citation. Disons d'abord à quelle occasion a été écrit le fragment suivant. M. Jobard avait reçu de M. Allan-Kardec la relation des progrès du spiritisme dans toute la France, et notamment parmi les ouvriers de Lyon. Pour que nos lecteurs puissent comprendre la force singulière du morceau littéraire de M. Jobard, indiquons au moins le sens du passage de M. Allan-Kardec que M. Jobard insérait dans le *Progrès international*, en le faisant précéder des vigoureuses lignes auxquelles nous faisons allusion. M. Allan-Kardec écrivait :

« Le nombre des métamorphoses morales est, chez les ouvriers, presque aussi grand que celui des adeptes : des habitudes vicieuses réformées, des passions calmées, des haines apaisées, des intérieurs devenus paisibles ; en un mot, les vertus les plus chrétiennes développées, et cela par la confiance inébranlable que les communications spirites leur donnent en l'avenir auquel ils ne croyaient pas. »

Et il s'écriait en terminant :

« N'y a-t-il pas quelque chose de touchant dans cette communion des morts avec les vivants ? La vie future est là, palpitante sous les yeux ; il n'y a plus de mort, plus de séparation éternelle, plus de néant ; le ciel est plus près de la terre, et on le comprend mieux.

» Si c'est là une superstition, plût à Dieu qu'il n'y en eût jamais eu d'autres ? »

Et maintenant voici l'introduction, modèle d'ironie, que M. Jobard met en tête de la relation de son ami. Nos lecteurs apprécieront sûrement un des caractères les plus remarquables de l'écrivain que nous leur révélons :

« Que penser de cette épidémie qui s'empare de toutes les têtes dans tous les pays du monde qu'on dit civilisés et chrétiens ? Il est évident que ce n'est que le retour millénaire de la fièvre cérébrale, dont parle le père Matignon, laquelle a pris naisssance dans l'Inde, a traversé la période oraculaire, égyptienne, les grecque et romaine, relevé la tête au IXe siècle pour renaître au XIXe.

» C'est évidemment le choléra mental, *koli-raah*, la maladie par excellence, dont Dieu a menacé les impies !...

» On s'étonne que l'autorité ne sévisse pas contre les guéridons, comme l'église a sévi contre le trépied des sybiles. Car, enfin, c'est évidemment la même chose, c'est l'œuvre du vieux serpent, *circùm quærens quem devoret.*

» On peut s'en convaincre par les guérisons des magnétiseurs, qui ne sont plus nécessaires aujourd'hui, en présence de la médecine officielle qui guérit, elle, tous ses malades, pourvu qu'elle ne les expédie pas dans l'autre monde.

» Les spirites ont le mauvais goût de croire en Dieu, en Jésus, en la Vierge immaculée, et d'y croire sur le témoignage des esprits.

»Ils se permettent de prier, d'évoquer les bons esprits, d'exorciser les mauvais et de prêcher la morale de l'Evangile. De quel droit se permettent-ils de faire des adeptes et d'initier des complices à leurs conciliabules? Ils vont plus loin ; car, sans mission légale, ces plagiaires de la morale chrétienne se permettent de poser en fait, que l'homme a une âme immortelle et qu'elle est punie ou récompensée selon ses œuvres ; qu'en savent-ils, ces audacieux contrefacteurs s. g. d. g.?

»M. Proudhon a raison d'accuser les esprits d'escroquerie ; car au train qu'ils y vont, ils auront bientôt escroqué la totalité des *dévorants* lyonnais, aux mauvais instincts, d'après le rapport d'Allan-Kardec, le *Garibaldi* du spiritisme, qui vient de passer en revue cette pacifique armée.

»Nous extrayons le passage suivant de la *Revue spirite*, le *Moniteur* de la chose, qui se propage comme un incendie, sur tous les points du globe, et menace d'envelopper tous le genre humain dans les filets de la fraternité et de la solidarité universelle ; heureusement que la sage et prudente Belgique est encore vierge de cet *oïdium*, dont, grâce à son vigilant clergé et à la grande presse, les ouvrier gantois ont été préservés jusqu'ici. »

On voit que sir Jobard n'y va pas de main morte, surtout avec les médecins officiels. C'est pour cela sans doute qu'ils n'ont pas su le guérir de sa dernière maladie, ou plutôt que M. Jobard, mieux avisé, ne leur en a pas donné le temps, et s'est dérobé par une mort subite à la vengeance légale que les docteurs irrités auraient exercée sur son malheureux corps en le bourrant de leurs drogues, en le suçant par leurs sangsues, en le piquant de leurs lancettes, en le torturant enfin selon les règles de l'art.

Nous répétons que nous ne jugeons pas actuellement les idées de notre auteur sur le spiritisme. Nous avons voulu seulement mettre en relief les qualités de l'écrivain.

Cela fait, nous allons examiner les découvertes et les opinions de M. Jobard sur les sciences humaines, et les inventions nombreuses dont il fut le précurseur, l'instaurateur ou tout au moins le vulgarisateur dans l'industrie et les arts.

CHAPITRE DEUXIÈME.

M. Jobard savant et inventeur. — Ses opinions scientifiques. — Génération spontanée. — Cataleptisation des germes. — Nature ou Providence. — Gouvernement de Dieu dans l'univers. — Théorie des germes cosmiques. — Rôle des comètes. — Mouvement perpétuel des mondes. — Constitution physique du soleil. — La terre. — Est-elle unitaire ou le produit de l'incrustation? — Volcans. — Emergement de continents dans les mers. — Qu'est-ce que la vie? — Lettres sur la médecine.

Après avoir fait apprécier M. Jobard comme littérateur, nous entrons dans la partie la plus importante sans contredit de cette biographie, c'est-à-dire que nous sommes arrivés à parler de ses inventions, découvertes en tous genres et de ses idées dans les sciences qui sont du domaine de l'homme. Avant d'en aborder l'examen et l'exposé, qu'on nous permette de placer ici le portrait du savant tracé par *le Progrès* : Voici comment s'exprime ce journal :

« Son thème favori a été pendant la seconde moitié de sa vie la création de la *propriété intellectuelle* dans les arts, dans les sciences et dans l'industrie. Il l'avait

baptisée du nom bizzare de *monautopole*, et la considé-
rait comme base de l'économie sociale.

» Au début de sa carrière, M. Jobard était voué seulement à l'étude des arts utiles ; il a longtemps signé dans
la Presse, à Paris, les comptes-rendus des sciences avec
l'abbé Moigno, son ami et son émule en excentricité
scientifique.

» Savant fantasque, on trouve dans sa forme littéraire
les mêmes pointes, les mêmes allures capricieuses que
dans son génie prime-sautier ; très-sujet à la contradic-
tion, mais toujours original, hardi, sincère dans ses pa-
radoxes, il est le pamphlétaire des érudits et le vulgarisateur des sciences réservées au petit nombre. Il a le
coup d'œil perçant et la phrase aiguë ; son esprit humoristique n'est pas toujours irréprochable ; il en est de
même de son orthodoxie scientifique.

» M. Jobard n'en demeure pas moins un homme éminent et hors ligne. Sa bonté, sa droiture lui avaient con-
cilié autant d'amis qu'il avait de connaissances : il raillait
tout le monde et ne désobligeait personne. Emoussée
par son cœur, sa moquerie devenait inoffensive. »

Non, c'est vrai, M. Jobard n'était pas orthodoxe en sciences, car il cherchait toujours mieux que ce qui avait été dit
avant lui, car le souffle de l'avenir l'anima constamment. Il
n'était pas orthodoxe, selon les académies constituées et
les savants officiels. La science de ceux-ci est régulière,
monotone, compassée ; c'est de la science morte en
quelque façon. La science de M. Jobard est inspirée,
variée, sans règles ordinaires que son génie intuitif ;
c'est ce qui la rend vivante, c'est ce qui lui donne ses
qualités les plus précieuses, d'initiatrice et de progres-

sive, au suprême degré. Nos lecteurs vont juger si nos appréciations ne sont pas exactes.

Et d'abord, se montre-t-il partisan de cette fausse et indécise idée de force universelle, intelligente sans personnalité, qu'on appelle nature. Attribue-t-il à la matière la génération spontanée ou se montre-t-il au contraire un des croyants de la Providence qui a semé partout avec profusion des germes dirigés par elle et destinés dans la série des siècles à produire à chaque instant de nouveaux mondes et de nouvelles créations? Ecoutons-le :

« Croyez-vous à la génération spontanée? demandait le chimiste Van-Mons au célèbre Cuvier. — Non; l'empereur ne veut pas, répondit le fin courtisan. Nous avons entendu le prince de Canino, qui ne l'était certes pas, courtisan, déclarer, en plein congrès de Nancy, que, si l'on admettait la génération spontanée, il abandonnerait à l'instant l'étude de l'histoire naturelle, comme impossible et mensongère. Cette déclaration du plus savant et du plus franc des naturalistes de notre connaissance nous a plus impressionné que tout ce que nous avons lu contre la Genèse. »

Son mémoire sur la catalepsie, présenté à l'Académie des sciences, et sur les idées duquel nous ne reviendrons pas, nous contentant de renvoyer à *l'Industriel Français* où nous l'avons analysé et développé (n° 62, dimanche 17 juin 1860), fait assez comprendre que M. Jobard croit à la cataleptisation des germes qui ressuscitent au temps voulu de leur léthargie, sous l'influence des milieux ambiants. Cette opinion, qui laisse partout intacte la Providence et la direction de Dieu, est évidemment la véritable. M. Boucher de Perthes l'a démontrée en s'appuyant des connaissances scientifiques les plus acquises et les plus reçues, et l'on peut dire que M. Jobard lui a apporté le poids de son éminente autorité.

Citons un magnifique passage de notre auteur sur le gouvernement de Dieu dans les mondes de l'univers :

« Dieu, dit-il, est la grande âme du monde, qui siége à la station centrale du *macrocosme*, comme notre âme siége à la station du *microcosme* humain, d'où elle émet et reçoit ses dépêches, avec la vitesse de la pensée, ce qui réduit l'espace et le temps à un point géométrique, de sorte que Dieu tient tout l'univers dans sa main et qu'il ne peut se produire le moindre mouvement matériel ou intellectuel dans tous les coins de l'immense univers, qu'il n'en ait instantanément connaissance.

» On sait que l'équilibre de l'électricité statique ne peut être troublé, sans affecter toute la terre, mais l'électricité de la pensée est bien autrement rapide et retentit dans tous les soleils, dans tous les globes qui ne sont que les ganglions nerveux du système névralgique universel.

» Aussi la prière arrive-t-elle à Dieu, qui l'exauce immédiatement, s'il y a lieu. De là ces guérisons instantanées qu'on appelle des miracles. Les grâces de Dieu ne se font pas attendre comme celles des rois et ne s'égarent pas dans les bureaux d'une administration compliquée et paresseuse.

» Le mécanisme de l'omnivers est le plus simple, par conséquent le plus parfait et le plus unitaire qu'il soit possible d'imaginer. Nos pères ont été dans l'admiration devant le système des postes, nous sommes dans l'admiration devant le télégraphe électrique, et nos enfants seront dans l'admiration devant le télégraphe spirituel qui mettra en relation la terre avec tous les mondes matériels, spirituels, célestes et avec les mondes divins, les anges, les archanges et Dieu. »

Puisque l'univers est sous la direction infinie et toujours incessante de Dieu, les créations sont à chaque instant renouvelées ; il y a dans toutes ses parties un *va-et-vient* perpétuel, et les espaces sont remplis de germes pouvant être utilisés pour la formation de nouvelles pla-

nètes et de nouveaux soleils. Ces germes sont à l'état
de léthargie cataleptique, de quasi-néant inerte, c'est le
chaos noir, les ténèbres; aussi plus on monte, plus le
ciel devient noir, il n'a une teinte bleue que par l'athmos-
phère terrestre qui est blanche. Aussi Dieu et ses grands
messagers se servent, pour le repassage des matières
cosmiques de l'espace, des comètes opaques destinées à
être un jour des planètes, des comètes lumineuses et
transparentes, qui sont des soleils embryonnaires et
douées seulement de la vie attractive, jusqu'à ce qu'elles
jouissent à leur tour de la vie d'un astre, quand leurs
courses seront finies, que les espaces seront suffisam-
ment balayés, et qu'elles se seront assimilé tous les éléments utilisables. Voici sa théorie à ce sujet :

» Les comètes sont des glaneuses que les soleils envoient ramasser les débris de la matière cosmique oubliés dans le champ de la
création.

» Parties par la tangente, elles décrivent des ellipses tellement
allongées qu'on a des raisons de croire qu'elles ne se contentent
pas d'aller jusqu'aux derniers confins des domaines du soleil auquel elles appartiennent, mais on soupçonne fort ces maraudeuses
de faire plus d'une pointe dans les champs des soleils voisins ;
aussi voyez avec quelle exactitude elles balaient l'aire qui leur est
dévolue; à chaque retour elles raccourcissent et arrondissent leur
ellipse, de sorte que la route qu'elles parcourent ressemble à un
de ces beaux parafes de Brar et Saint-Omer, élèves de Rossignol.
Chargées du butin qu'elles traînent après elles en guise de queue,
ou qu'elles portent sur leur tête en guise de perruque, elles viennent le faire cuire au soleil comme ont fait les planètes ; mais ces
queues ne sont que le rayon de leur atmosphère réelle ou le pro-
longement des faisceaux de lumière solaire qui se croisent au cen-
tre de leur masse transparente, pendant les premiers temps de la
coupellation dont nous avons parlé à propos des planètes. Cela est
si vrai qu'elles perdent leur queue et nous reviennent un beau

jour en simple perruque , ce qui empêche souvent de les reconnaître sous ce déguisement. C'est quand la fusion centrale des atomes est assez avancée pour intercepter les rayons solaires et les arrêter au foyer de la loupe en coupellation que ce phénomène arrive. Ce qui le prouve, c'est que l'éventail ou plutôt le cône lumineux qui compose leur prétendue queue est généralement opposé au so Il s'ensuit que les comètes à queue sont plus jeunes que les comètes à perruque. Ce ne sont encore que des têtards de planètes.

» Les comètes ne sont donc pas seulement des *riens visibles*, mais de belles et bonnes agglomérations d'atomes matériels transparents, qui, après leur fusion, deviendront dures comme des boulets de canon. Si jamais elles rencontrent M. Babinet, il n'a qu'à bien se tenir !

» Vous voyez que ces riens-là exercent une influence très-sensible sur notre globe et nous font vendanger de meilleure heure que de coutume. Cela se comprend , car après que l'éther est débarrassé des ordures chaotiques qui en troublaient la transparence , les rayons du soleil nous parviennent plus brillants et plus chauds. Ne médisons donc plus des comètes, elles ont leur raison d'être et leur utilité : ce sont les épousseteuses du firmament, chargées d'enlever de notre beau plafond les toiles d'araignée qui en ternissent la splendeur. Bénissons leur passage et ne le redoutons plus, comme cet imbécile de Charles-Quint, qui s'était imaginé qu'elles venaient exprès pour le houspiller personnellement ; quel excès de vanité dans son acte d'humilité ! Dire qu'en 1551 il y avait déjà des individus aussi suffisants que de nos jours !

» Les comètes sont chargées, disons-nous, de nettoyer l'espace interplanétaire de ces débris de matière cosmique échappés à l'action des tourbillons.

» Pour mettre cette idée à la portée des enfants, ils n'ont qu'à couvrir de cercles tangents une feuille de papier et de les faire tourner en imagination ; il restera des triangles immobiles qui ne sauront de quel côté se tourner ; ce sont les nébuleuses abandonnées sans mouvement, sans vie et sans forme déterminée.

» Les savants appelleraient cela des débris amorphes de la substance chaotique légèrement lumineuse par elle-même, car la lumière fut créée avant le soleil, selon la Genèse ; les nébuleuses nous donnent donc un échantillon du chaos avant son entrée en fermentation dans la cuve-matière de l'univers.

» Les comètes ont pour mission d'aller ramasser ces débris épars et de les rapporter au foyer pour les faire fondre, ne fût-ce qu'en astéroïdes, bolides, aréolithes ou planétoïdes, pour amuser nos Goldshmith et nos Chacornac, qui ne s'occupent pas des étoiles qui se fixent à la boutonnière.

» Il y a quelques années qu'une comète, ayant traversé une nébuleuse, la prit à la traîne et s'en fit une queue tellement longue et étirée qu'elle occupait une grande moitié de l'horizon visible ; sa matière était si rare qu'on pouvait à peine la distinguer ; nous avons vu nous-même ce rien visible

» Si vous ne voulez nous croire, allez-y voir, disait Newton, car il n'a rien affirmé ; il a seulement dit : Les choses se passent comme si.... nous n'en disons pas davantage, comme si nous étions un Newton !! »

Que l'on compare les lignes qui précèdent avec ce que nous avons écrit nous-même sur la nature des comètes, et l'on y trouvera la plus grande similitude de vues. Eh bien ! nous ne connaissions pas encore à cette époque la théorie de notre illustre ami. C'est que, comme lui, nous recherchions la science vivante de Dieu, et que nous ne voulions, à aucun prix, de la science morte des astronomes officiels qui traitaient nos explications de *galimathias* inintelligible. Pauvres savants ! M. Jobard conclut ainsi ses idées si élevées sur le grand *cosmos* :

« Tout obéit à la loi de reproduction et de destruction universelles , tout dans la nature est en continuelle révolution. Il y a des globes qui naissent quand d'autres meurent , c'est ce qui explique pourquoi on voit dans le ciel des étoiles qui paraissent et d'autres qui disparaissent, et rien ne nous dit que ces nouvelles petites planètes dont se régalent nos jeunes astronomes ne sont pas des crasses du soleil, rejetées par le soleil, qui continue à semer des pla-

nétoïdes, comme le chêne des glands : il n'est guère probable
qu'elles soient habitées, puisque leur diamètre, calculé par nos
mesureurs jurés, est à peine de quelques lieues. On pourrait
faire le tour, avant déjeuner, de ces écueils semés dans l'océan solaire ; le moyen de s'y tailler des empires ! »

Le soleil est, selon M. Jobard, le representant de Dieu
dans notre tourbillon. Il est nécessairement habité, et
cette habitation est pour tous les hommes des planètes
un paradis relatif, un progrès déjà immense vers Dieu.
Il adopte l'opinion d'Herschell sur sa constitution ; c'est-
à-dire noyau ferme et opaque, puisque notre soleil est
dans les mondes matériels. Ledit noyau est enveloppé
d'une photosphère, qui, lorsqu'elle s'écarte, laisse voir la
partie solide. Ce qui explique, d'après le célèbre astro-
nome, les taches proprement dites, les facules et les lu-
cules. Voici la lettre que M. Jobard m'écrivait à ce sujet,
le 12 décembre 1860. Je ne donne, bien entendu, que le
fragment relatif au soleil.

« Mon cher ami,

» J'approuve parfaitement votre idée de quatre photosphères autour du soleil ; en effet, comme tout est dans tout, la constitution
solaire doit reproduire la loi sacrée trinaire résumée dans le quaternaire. En un mot, il doit y avoir une photosphère matérielle qui,
à cause de notre nature de mondes opaques, est interposée aux
deux autres, savoir la photosphère spirituelle intermédiaire, puis
la photosphère céleste, tout cela identifié en un, qui est le divin
de l'astre. Mais je crois toujours, ainsi que je vous l'ai exprimé, que
la photosphère matérielle domine et intercepte les rayons d'incan-
descence spirituelle, céleste et divine, et que cette constitution
nous explique les raies obscures de Fraunhofer sur le spectre solaire. Si l'on pouvait avoir directement le spectre émané de la photosphère spirituelle, céleste, ou de la photosphère unitaire sans aucun amalgame, les raies obscures ne se montreraient pas.....

» Il me vient une idée :

»Puisque la couronne lumineuse qui apparaît dans une éclipse totale est le cordon aromal qui lie la terre au soleil et le soleil aux chefs d'univers et aux soleils centraux, comme cette couronne alors provient des mondes absolus de Dieu, et n'est autre chose que le fil électrique rattachant *le bureau terrestre ou solaire au bureau universel du cerveau infini*, il y aurait une expérience à faire, ce serait, pendant la courte durée de l'éclipse totale, de recueillir les rayons de la couronne, et j'affirme *à priori* que ces rayons, *titrés au divin*, ne présenteraient point de raies obscures dans le spectre.....

On voit que M. Jobard, par une intuition de génie, devançait la *Métallogie céleste* des deux professeurs allemands dont nous avons parlé dans notre journal, et il réclamait déjà l'expérience recommandée par l'Académie des sciences aux observateurs de l'éclipse totale du 31 décembre 1861. Ce sont là des traits qui, mieux que toutes les paroles, font comprendre la puissance intellectuelle d'un homme. Il en est ainsi de M. Jobard ; en industrie, en science, partout enfin, il a été un précurseur éminent, et toutes les découvertes de notre XIXe siècle auront plus ou moins à compter avec lui, soit qu'elles aient été annoncées par un mot, par une allusion, par un éclair de pensée, soit qu'elles aient été décrites à peu près complètement.

Que pensait maintenant M. Jobard de notre pauvre globe terraqué? comment s'était-il formé? est-ce une planète unitaire et harmonieuse? ou bien, au contraire, est-il composé de débris informes arrachés au néant et au chaos par la puissance créatrice de Dieu et des ministres de sa volonté?

L'Américain Davys et le Français Louis Michel, en même temps, ont soutenu dans leurs ouvrages cosmogoniques, que la terre est formée de quatre satellites, d'abord séparés, puis unis par une sorte de greffe cosmique, nommée par eux *incrustation*. Un célèbre géologue et minéralogiste, de nos amis, dont nous avons annoncé la mort prématurée, M. le baron de Sprenghel, embrassait hardiment cette hypothèse, et expliquait avec une merveilleuse facilité par là les faits géologiques, ethnographiques et traditionnels, dans un livre inédit qui nous a été communiqué et dont la publication serait vraiment lumineuse, *la Géologie enfin expliquée par la doctrine spirituelle.*

M. Jobard adopta aussi cette opinion, comme on peut l'induire d'une communication adressée à M. Allan Kardec, et d'une lettre qu'il m'écrivit après avoir eu la visite de M. de Sprenghel. En voici des extraits :

« L'incrustation explique tout en géologie d'une manière claire
» et précise. Elle se lie à mes opinions sur la cataleptisation des
» germes, et à la découverte des éléphants et mastodontes en pleine
» Sibérie.

» La terre est composée de détritus de vieux globes employés
» par les ministres de Dieu à la formation des satellites de der-
» nière venue. Ces terres, qui ont été selon toute apparence gigan-
» tesques, ont eu des habitants analogues : les anoplothériums
» et les plésiosaures, et tous ces sauriens qui ne se concevraient
» pas sur une planète aussi exiguë que la nôtre. De même que
» Cuvier avec un os reconstituait l'animal tout entier, auquel il
» avait appartenu, de même avec un de ces animaux nous pouvons
» reconstituer par la pensée la dimension des mondes qu'ils habi-
» taient. Il suit de là que nous n'avons pas lieu d'être fiers de notre
» origine, au point de vue de la carapace et de la croûte terrestre,
» provenant de germes anormaux et monstrueux qui dormaient dans
» le néant des voiries. L'incrustation explique encore d'autres points
» jusqu'alors ténébreux, la différence des hommes, de la flore et
» de l'animalité dans les diverses régions; cette hypothèse ne nuit
» pas à la grande vérité de l'unité humaine. Puisque cette vérité

» s'étend même au-delà de nos horizons, et que comme nous som-
» mes des hommes matériels et pas très-beaux, il y a les hommes
» spirituels, les hommes célestes et les hommes divins dans les
» mondes d'autre nature. »

Il s'explique ensuite sur plusieurs phénomènes de notre globe.

« Les volcans servent d'évents aux gaz produits par la décom-
position de l'eau qui s'infiltre sans cesse sur la matière minérale en
fusion, laquelle se trouve plus rapprochée de nous que ne le croit
M. Cordier, qui s'obstine à donner vingt lieues d'épaisseur à cette
enveloppe, parce qu'il est parti de l'accroissement régulier et irra-
tionnel, comme nous nous sommes permis de le lui dire, d'un degré
de chaleur par 52 mètres de profondeur; mais les expériences de
notre camarade de collège, Valferdin, l'homme de précision le plus
minutieux de tous ceux qui frappent à la porte de l'Institut, sur les
puits du Creuzot, ont réduit les 52 mètres de M. Cordier à 25, à la
profondeur de 800 mètres seulement; il est probable qu'à 1,000
mètres, la chaleur croîtra d'un degré par 10 mètres, et nous ver-
rons un jour que la croûte sur laquelle nous jouons aux barres,
comme des enfants sur les glaçons, n'a pas plus d'une lieue d'épaisseur.

»Les volcans en éruption et les eaux thermales nous autorisent à
le croire, car ils n'auraient pas la force de vomir du feu et de l'eau
bouillante avec un œsophage de vingt lieues.

» Nous croyons sérieusement qu'il est donné à l'homme d'attein-
dre au feu central dès qu'il aura su former une compagnie conces-
sionnaire pour pousser un sondage à 1,000 ou 1,500 mètres; nous
aurons certainement à cette profondeur un jet d'eau bouillante ou
de gaz à l'eau. Cela coûterait fort peu en commençant le forage au
fond de nos mines houillières de 5 à 600 mètres.

» Tenez pour certain qu'il viendra un moment d'engouement per-
forateur; ce sera à qui criblera la surface de la terre, comme un
écumoir, d'une multitude de trous d'où sortiront plus de richesses
que des placers de la Californie.

» Puisque la surface se refroidit, comme vous ne pouvez plus en
douter, au risque de contrarier les mânes d'Arago, allons chercher

la chaleur en dessous. La providence doit être indignée de voir que nous ne comprenons pas cela, malgré les tremblements qui nous avertissent de donner des issues au gaz comprimé dans notre cornue.

» Courons donc à la sonde chinoise et chantons en chœur sur tous les points du globe :

« Il faut lui percer le flanc! »

» Mais enfin que devient l'hydrogène qui s'en va? il ne peut s'accumuler incessamment dans les espaces interplanétaires, sans finir par entraver la marche des corps célestes dans l'éther, cet élément inventé pour les besoins de la cause et dont personne n'a encore pu nous montrer un échantillon ; il faut bien lui trouver quelque moyen de consommation?

» Eh bien! ne le voyez-vous pas? il vous crève les yeux, car il est clair comme le soleil. Et puisqu'il faut tout vous dire, il va se brûler au grand bec de gaz qui nous le renvoie sous forme de lumière, de chaleur et d'électricité, ainsi qu'aux planètes qui lui fournissent leur contingent d'hydrogène.

» Les taches du soleil ne sont que des scories, des crasses, résidus de la combustion, dont il se débarrasse par sa vitesse de rotation, neuf fois plus grande que celle d'un boulet et qu'il lance dans l'espace sous la forme d'aérolithes, de bolides et de planétoïdes.

» Le soleil est une chandelle qui secoue elle-même ses champignons par la tangente, dès qu'ils approchent de son équateur où la vitesse est la plus grande (voir les étincelles qui s'échappent d'un soleil d'artifice).

» Oui, mais les aérolithes contiennent toutes sortes de métaux et de minéraux analogues à ceux de la terre ; où les aurait-il pris?

» Eh! parbleu, dans l'atmosphère du soleil; car enfin, quand il s'est privé de ses fameux anneaux pour en faire des planètes, il est bien supposable qu'il aura gardé la meilleure part pour lui et que c'est dans sa photosphère que ces scories auront pêché la matière cosmique qui les compose.

» Ces échantillons vous prouvent que toutes les planètes sont composées des mêmes éléments que la nôtre, et qu'elles sont peuplées des mêmes bêtes.

»Vous voyez maintenant que rien n'est perdu, que tout est dans tout, que la circulation n'est point interrompue, que le *va-et-vient* est parfaitement établi.

M. Jobard pense qu'il viendra un temps où la terre sera constituée dans l'unité et où elle ne sera plus séparée comme elle l'est actuellement par les mers. Il y aura un émergement de nouveaux continents avec de nouveaux germes d'hommes, d'animaux et de plantes restitués à la vie, ce que voulait dire l'apocalypse par ces deux prédictions incomprises et inexpliquées jusqu'ici : « *Jam mare non est,* — il n'y a plus de mer, » et « la mer rend ses morts, » c'est-à-dire que les germes qu'elle contenait dans son sein, d'espèces léthargiques et cataleptisées, reviendront à la lumière et au mouvement.

Ecoutons la description qu'il nous fait de cette époque future.

»La France, dans ce temps-là, n'aura plus besoin de bateaux plats pour faire une descente en Angleterre, et tous les archipels deviendront des continents magnifiques pour la déportation et l'exportation de nos fabricants. Notre globe suffira dès lors pour nourrir quelques milliards de bouches de plus.

»C'est ainsi que la Providence s'est arrangée pour confondre Malthus, Schaetzen, Pirmez et Dehesel, ainsi que les faiseurs de pénitenciers et les inventeurs de Tread-mills humanitaires.

»Croyez bien que le bon Dieu n'a rien laissé au hasard et qu'il est aussi fort en économie politique et sociale que MM. Frédéric Passy, Michel Chevalier, Joseph Garnier, Wolloski et même Guillaumin.

» Le hasard n'est qu'un mot dont l'ignorant se sert
» Pour expliquer les faits où sa raison se perd. »

» Mais ils préfèrent croire à leur faux prophète. »

Nous aurions beaucoup à dire sur les opinions originales et lumineuses de notre auteur, par lesquelles il a touché à toutes les sciences pour les pousser au progrès et les expliquer d'une manière vivante, loin des sentiers battus du passé enfantin de l'humanité. Mais l'espace et le temps nous manqueraient pour tous ces développements. Bornons-nous, avant d'exposer en abrégé les inventions de M. Jobard dans l'industrie, de consacrer encore ce feuilleton à ses vues importantes sur la *vie* et sur la *médecine*.

« La vie, nous écrivait M. Jobard, est en tout ; elle s'opère par de petits ouvriers invisibles. Ces ouvriers sont intelligents et doués du libre arbitre. Ils montent, ils descendent, ils attendent, absolument comme nous qui sommes aussi, par rapport à Dieu, de petits ouvriers. Qu'on les appelle *Micropsychiles* avec Paracelse et les cabalistes, *Zooanimes*, avec Davys, ou bien *Hominicules*, avec Louis Michel, il est très-certain qu'ils existent et que c'est par leur moyen seul qu'on peut expliquer la vie. »

Cette opinion d'infiniment petits doués d'une âme et constituant à différents degrés la vie minérale, végétale, animale, hominale, a pour elle de nombreuses traces dans le passé. Sans parler des cabalistes, plusieurs auteurs, notamment Cyrano de Bergerac, l'ont émise formellement ; elle se trouve développée avec infiniment de suite et d'unité doctrinale dans la *Clé de la vie* et la *Vie universelle* de Louis Michel. M. Jobard l'a adoptée et amplifiée à son tour dans son mémoire sur la *race hominiculaire*, dont nous ne pouvons faute de place citer des extraits, et qui est très-remarquable, comme tout ce qui est sorti de la plume de cet éminent savant.

Nous partageons sur ce point encore les croyances scientifiques de notre ami, d'autant plus que dans une thèse publiée par nous en 1847, *les Mathématiques de l'infini*, nous écrivions les lignes suivantes : « Il y a une

» race soupçonnée de l'homme, mais encore ignorée de
» lui, la race des *infiniment petits*, auteurs véritables
» du mouvement et de la vie en toutes choses, sous
» la direction constante de l'âme suprême et de la loi
» trinaire, se résolvant dans le quaternaire, ainsi que
» nous l'apprend le langage sacré de l'initiation. » Nous
disions cela à propos d'un passage magnifique de Pascal
et de ses aperçus profonds sur ce monde ultra-micros-
copique.

Nous devons malheureusement nous limiter à ces in-
dications.

Voici maintenant une communication importante, résumé de quatre lettres adressées par M. Jobard à l'auteur de cette biographie. Faisons d'abord connaître le
sujet de ces lettres. A propos d'un article de M. Jobard
vantant outre mesure, à notre avis, un pharmacien de
Paris, qui employait faussement la méthode purgative à
la guérison de toutes les maladies, nous avions répliqué
par un autre article, dont nos lecteurs se souviennent,
que, hors la médecine spécifique, dont la confirmation
rationnelle nous était venue à l'esprit le 14 avril 1861,
on ne trouvait rien dans l'art de guérir, qui dût seulement arrêter un seul instant la pensée. Puis, dans une
série de très-longues lettres, j'ai dit à mon noble et di-
gne ami le motif de mes convictions. C'est à cette correspondance qu'il répond par quatre lettres, que mon
intention est de fondre en une seule, élaguant divers passages qui n'ont pas un trait direct à la question, suppri-
mant une grande partie des éloges qui m'étaient adressés
quand ils ne font pas lacune, et ne conservant en un mot
que l'essentiel des dernières opinions de M. Jobard sur

la *médecine*. Nos lecteurs nous sauront gré de mettre sous leurs yeux une pièce aussi grande, aussi capitale, aussi utile, surtout parce qu'elle est inédite et inconnue jusqu'à présent.

« Bruxelles juillet 1861.

» Merci, mon cher maître, de vos très-remarquables lettres que vous m'avez envoyées, sur la médecine. Merci, encore une fois, de ce que vous avez bien voulu m'instruire ou plutôt m'illuminer. Je reconnais à présent que j'avais tort de vanter la méthode de M. Hureaux, je reconnais que c'est une médecine soustractive, grossière, selon vos propres termes, et que les purgatifs ne peuvent jamais valoir quelque chose, que s'ils rentrent dans la loi spécifique et similaire et, en certains cas très-rares, comme révulsifs et palliatifs. Quelle belle inspiration vous avez eue le 14 avril! Combien Paracelse est grand! Il était initié à la vérité, il était des rares élus qui ont composé pendant les derniers siècles la véritable église du Christ, celle seule dont, suivant une de vos admirables lettres, il a été prédit que les portes de l'enfer, c'est à dire l'esprit du mal, ne prévaudraient pas. Quel texte magnifique! *Verisimile est dicere vim medicatricem, non sine aliquo intelligenti micropsychitarum motu, potiùs adjuvandam quàm refellendam*, il est vraisemblable de dire que la force vitale médicatrice, n'ayant pas lieu sans quelque mouvement intelligent des micropsychites, *doit être plutôt aidée que contrariée.*

» Quelle révélation et quelles conséquences de ce sublime et vraiment divin passage! L'homœopathie, la médecine similaire et spécifique s'en déduit tout entière; mais il fallait pour cela une illumination d'en haut; et vous l'avez obtenue, en découvrant ce principe fécond;

» Les symptômes d'une maladie ne sont que les efforts de la force vitale pour se débarrasser du mal qui l'opprime, que l'indication du sens dans lequel il convient d'agir pour l'expulser définitivement.

» Paracelse, dans son *Trésor de la Médecine*, a distingué trois espèces particulières de maladies, celles qui s'attaquent aux organes matériels de notre corps, comme aux os et à la charpente, celles

qui s'adressent aux humeurs, au sang, au principe intermédiaire,
celles enfin qui intéressent plus particulièrement les nerfs et leurs
fonctions, c'est-à-dire le principe céleste. Au matériel se rattachent
les secours chirurgicaux, mécaniques, grossiers ; au spirituel (fièvres
miasmatiques, putrides, humorales), la médecine quintessentiée. Au
céleste (épilepsie, hystérie, névroses, troubles dans l'innervation),
la médecine des influences, le magnétisme humain, l'électricité ou
le traitement par les fluides.

» Cette division que vous m'avez indiquée d'après Paracelse est
bonne, quoique cependant il puisse y avoir des empiétements d'une
catégorie sur l'autre, résultant de l'enchevêtrement des trois na-
tures du corps et de son unité par la vie de l'esprit et le jeu de
l'âme. Mais, comme en médecine aussi bien que partout ailleurs, le
divin doit réunir les trois ordres dont nous venons de parler, et
que ce divin ne peut être que l'attraction unitaire, la sympathie et
l'amour formant le point de départ et le couronnement du code de
Dieu applicable à toutes choses ; il suit de là, que le grand principe
de similarité entre les symptômes et les remèdes domine tout et
reçoit partout son indication.

» Examinons en descendant un peu des hauteurs que nous ef-
fleurions avec les ailes d'Icare, et raisonnons humainement, c'est-à-
dire tout bêtement.

» La médecine, depuis son origine et avant Hahnemann, avait
deux méthodes diverses, l'énanthiopathie (médecine des contraires)
et l'allopathie (médecine des différents). Voyons d'abord la première :

» Elle consiste, dit un docteur de nos amis (1), à guérir notamment l'insomnie par l'opium, dont l'effet primitif est bien d'occa-
sionner un coma maladif, mais dont l'effet secondaire est de tenir
éveillé ; la constipation par les purgatifs, qui produisent bien, dès
l'abord, des selles abondantes, mais à charge de resserrer plus
tard et de constiper de nouveau, résultats tout à fait opposés à
ceux qui sont recherchés.

» Quant à la seconde méthode (guérison par des moyens diffé-

____

(1) Le nom de ce médecin n'étant pas cité, je ne puis le désigner autrement. Je ne sais pas davantage si c'est dans un ouvrage ou dans une
lettre qu'il s'est exprimé ainsi que le dit M. Jobard.

rents), elle est très-vague et ne peut fournir aucune règle de conduite uniforme et salutaire. Aussi, chaque médecin allopathe traite d'une manière différente la même maladie, même celle qui offre un type persistant de symptômes et d'altérations morbides, tandis que la médecine vraiment spécifique est universelle et présente des bases absolues de traitement contre des symptômes identiques, quoique cependant il faille encore tenir compte du *genius epidemicus*, du *quid divinum* d'Hippocrate.

Toujours est-il qu'un médecin de la nouvelle école trouve dans la matière médicinale le médicament approprié à un cas donné, au moyen de la boussole certaine de la similarité. Si, comme le disent Paracelse et votre commentaire lumineux sur ses belles paroles, dans toute maladie le corps cherche par la force vivante et intelligente des *micropsychiles* à produire des efforts pour rétablir la santé un instant compromise, qu'avons-nous à faire si ce n'est à agir dans le même sens et à aider cette impulsion salutaire ? Faudra-t-il opposer des remèdes contraires, propres à étouffer la réaction vitale au lieu de la faciliter et de la développer doucement ? Ce serait une erreur grossière, et pourtant c'est cette doctrine absurde qui trône encore aux académies et aux universités. C'est une insulte à Dieu qui a créé la vie et qui l'a faite d'esprit et d'intelligence. On devrait inscrire en lettres d'or dans tous les temples d'Esculape la belle maxime de Paracelse, que j'ai rapportée plus haut d'après vos propres citations. Car en la développant comme vous le faites excellemment, on arrive de conséquence en conséquence à cet autre principe de la vraie médecine: « Tout symptôme morbide » est guéri par le remède qui produit en santé des effets analogues » ou semblables. » Par l'opinion de Paracelse s'explique encore la théorie de l'aggravation homœopathique présage de la guérison, et qui n'est autre chose que l'épanouissement complet de la réaction vitale; c'est cette aggravation qui a conduit les médecins de l'école spécifique à l'atténuation de leurs doses médicamenteuses, qui n'intéresse pas essentiellement la doctrine. Car c'est la ressemblance seule des effets pathogénétiques du remède avec les symptômes du mal qui constitue l'homœopathie. Peu importe la dose ; seulement un avantage très-important résulte de l'administration des médicaments à doses diluées, c'est que ces médicaments dynamisés n'ont d'action que sur l'organe ou les organes dont la sensibilité est exaltée par la maladie, et cette action est aussi douce qu'efficace, mais à la condition qu'ils soient bien choisis, tandis que s'ils ne le sont pas exactement, il n'y a aucun effet produit, vu la minimité de la dose.

Cette méthode ne peut donc faire aucun mal s'il elle ne fait pas de bien; au contraire la méthode allopathique et la méthode énanthiopathique, allant directement contre la force vitale, sont obligées d'agir à hautes doses, et combien de malaises et même de maladies proviennent de l'usage abusif de certaines médications! L'homœopathie est donc la médecine par excellence, et vous avez été réellement inspiré en trouvant d'après Paracelse l'explication rationnelle et spirituelle de sa supériorité. Hahnemann avait bien, par une intuition de génie, généralisé des faits particuliers et était arrivé ainsi à la loi de *spécificité*, mais vous donnez par votre théorie la raison même de cette loi. Vous me dites que vous ne voulez pas écrire sur ce sujet avant l'apparition d'un ouvrage composé par un plus grand que vous, je ne comprends pas bien vos motifs, car la publication seulement de votre inspiration contenue dans vos lettres serait la préparation à ce livre, et sûrement cette révélation ne vous est pas arrivée pour la garder, mais pour la répandre. En tout cas, merci, mille fois merci de m'avoir convaincu et éc'airé »

Lisez et relisez cette admirable lettre; jamais personne n'avait tenu sur la médecine un langage aussi vrai et aussi élevé; elle restera comme un véritable monument de science et de haute raison.

Disons maintenant par quelles inventions M. Jobard s'est signalé dans les arts et dans l'industrie proprement dite.

CHAPITRE DEUXIÈME.

DEUXIÈME PARTIE.

M. Jobard, inventeur. — Articles de M. Jobard dans l'Industriel Français. — Liste de ses inventions par lui-même. — Ses travaux sur la question de l'éclairage. — Exposé de ses inventions en cette matière. — La lampe du pauvre. — Economie de combustible. — Chemin de fer électro-pneumatique. — Jugement sur M. Jobard, inventeur, par M. Joanne et M. Luthereau.

Donnons d'abord la nomenclature des articles publiés dans notre journal par M. Jobard, ou contenant l'analyse de quelques-unes de ses inventions. Nous y renvoyons nos lecteurs :

Remède contre le mal de mer (n° 60). — *Analyse du mémoire de M. Jobard sur la catalepsie* (62). — *Moteur Lenoir* (65). — *Gaz naturel* (66). — *Grande révolution métallurgique opérée en Angleterre par un Français* (69). — *Le logophore ou préservatif des assassinats sur les chemins de fer* (93). — *L'oxigène à bon marché* (94). — *Causes des explosions des chaudières à vapeur* (95).

Nous signalons encore divers autrés articles : *Les inventions de M. Jobard, Revue scientifique, le Moulin à vent du curé belge*, etc., etc.

Passons rapidement sur ses *frondes hydrauliques;* ses *pompes sans piston*, ni soupape, ni réservoir d'air pour élever et lancer l'eau à jets continus; ses *pompes sans bois ni métal*, fonctionnant par pression et pouvant facilement arroser un jardin; sur une sorte de guimbarde produisant des sons analogues à ceux de la voix humaine, ou bien imitant, quand elle est armée d'un pavillon en cuivre, le son lointain d'une grosse cloche en branle ou d'un tuyau d'orgue de 10 mètres.

Passons vite encore sur *la plume intarissable*, portant son encre dans une ampoule en caoutchouc tenue dans le creux de la main; sur un *porte-cigare* lavant sa fumée dans une pareille ampoule; sur sa *presse elliptique* à pressions successives, qui a donné naissance à la presse à volute américaine. N'oublions pas de dire, toutefois, que cette dernière invention a été médaillée d'argent à l'exposition de Bruxelles, en 1830.

Parlerai-je de son *fusil à 14 coups,* breveté en 1826, bien avant que le colonel Colt eût songé à son revolver? — De son *logophore*, qu'il a essayé tout dernièrement de ressusciter au profit des chemins de fer en marche, pour la transmission des réclamations des voyageurs en péril? — Un arrêté du roi Guillaume Ier l'autorisait, dès 1827, à l'établir sur les bords des grandes routes; ce qui n'était, à vrai dire, qu'un précurseur du télégraphe électrique. — De ses *vitraux en gélatine coloriée*, qui ont fait tant de bruit dans un temps, entre les mains de son ami Bernardet de Lucenay? — De ses *soupapes naturelles en caoutchouc,* invention présentée à l'Académie des sciences, le 21 mai 1855, par M. le baron Séguier?

Vous entretiendrai-je de sa *grenade de sauvetage*,

portée sur un piquet, pouvant servir d'arme de guerre dans les tranchées et de pivot de tente-abri? De son *télégraphe hydraulique*, marquant les lettres à toute distance et ayant fonctionné en Angleterre sur un espace de plusieurs milles? De sa *poste atmosphérique*, que l'on fait revivre aujourd'hui, mais dont la première idée a été publiée en 1829? J'ai là, dit M. Luthereau, sous les yeux la lettre autographe d'un représentant belge qui déclare avoir palpé de ses mains, il y a 20 ans, tous les appareils dans le cabinet de M. Jobard, où tombent en poussière des inventions qu'on nous donne comme nouvelles et qui sont enterrées là sous 50,000 francs de brevets pris en pure perte, grâce au code stupide qui régit, en Belgique, les droits de propriété des inventeurs.

Vous parlerai-je de son *chemin de fer électro-pneumatique?* — de son *soleil de nuit?* — de ses *omnibus sous-marins?*

Attaqué par un journaliste de Paris qui lui dénie ses qualités d'inventeur, M. Jobard lui répond dans un mémorable article que nous allons reproduire parce que nos lecteurs ne l'ont lu que par extraits. Voici comment il s'exprime :

« C'est avec ma soupape de caoutchouc, présentée à l'Académie des sciences par le baron Séguier, qu'un tiers fait fortune, malgré mon brevet belge antérieur au sien. C'est avec ma pompe rotative sans soupape, composée d'un seul tuyau de caoutchouc écrasé par une excentrique, qu'une maison américaine gagne beaucoup d'argent.

» C'est avec mon appareil retardataire du gaz donnant 35 à 55 p. % d'économie, constatée par l'Académie, que MM. Sagey et Bonnet ont également fait des affaires. C'est avec mon brevet de 1828 que les consommateurs de Liége et de Verviers ont réduit leurs dépenses d'un tiers. C'est avec mon bec à brûler le gaz sans pres-

sion, qu'un contrefacteur introuvable fait de beaux bénéfices. C'est
avec mon invention des cheminées prétendues en verre, que MM.
B... et C⁰ ont gagné de quoi faire une fugue en Allemagne, en me
laissant 275,000 fr. d'actions payables sur les brouillards de la
Seine. C'est avec mon couvercle de mica breveté, assez généralement employé en Belgique, et qui se répandra partout, parce qu'il
économise 25 p. %, dans la consommation du gaz, qu'une maison
anglaise fait une véritable fortune, en vendant 1 fr. 50 c. ce qui
ne vaut pas 25 c.

» Combien d'argent ne rapportera pas mon procédé de décanta-
tion du gaz proto-carboné des mines, pour le faire servir au chauf-
fage et à l'éclairage, en le carburant, par ma méthode brevetée en
1833! Quel avenir n'est pas réservé à mon invention de gaz à
froid, en changeant le sulfate de zinc en blanc de zinc, comme je
l'ai fait, et en tirant des flots d'oxigène à bon marché, comme l'a
fait M. Saint Clair-Deville, procédés qui ouvrent certainement un
vaste champ à la machine Lenoir, lequel m'a demandé l'autorisation
d'employer mon appareil breveté, qui lui fournira le gaz en même
temps que l'étincelle pour l'enflammer.

» C'est moi qui ai fait patenter en Angleterre le chemin de fer
électro-pneumatique, qui consiste en un tube sans soupape longitudinale, dans lequel marche un piston libre, formant l'armature
d'une quantité d'électro-aimants extérieurs, portés par une voiture;
de sorte que ce remoqueur est entraîné par le piston, poussé lui-
même par de l'air comprimé par derrière, et de l'air raréfié par
devant, procédé que l'ingénieur William a déclaré, dans le *Meca-
nic's Magazine*, devoir être le dernier mot des chemins de fer, dont
il s'occupait lui-même depuis plusieurs années sans en avoir dit
rien à personne.

» C'est encore à moi le chemin de fer à grande lentille, plongeant
ou roulant entre deux boudins élastiques, pour prendre l'air par sa
circonférence.

» C'est aussi moi qui suis propriétaire indivis, avec le baron Séguier, du chemin de fer à roues pinçantes horizontales, sur un
rail-milieu, auquel on reviendra plus tard pour franchir les monta-
gnes.

» Si cela n'est pas suffisant pour me laver du reproche d'incapacité que me lance M. Joubert, je lui opposerai les banquets de 300 couverts qui m'ont été donnés par les inventeurs parisiens, et les poèmes imprimés en mon honneur. Est-ce qu'il serait l'objet de pareilles ovations, lui qui se pose en providence des industriels dont il dit défendre le patrimoine contres mes utopies?

» C'est à moi le compas à une seule pointe, pour tracer sur la pierre des cercles infiniment petits, présenté en 1829 à la Société d'encouragement; c'est à moi le compas à tracer des volutes et la méthode de graduer les ciels par la surcharge d'un plomb de chasse à chaque ligne tracée au diamant sur la pierre, ainsi que la matière noire et l'aqua-tinte sur pierre, ce qui m'a fait dire par Senefelder que,s'il avait eu un associé comme moi,il aurait fait faire bien d'autres progrès à son art. C'est après avoir vu la gravure de l'île d'Elbe et de l'île de Corse par mes procédés, que le directeur du dépôt de la guerre, le général Pelet, m'a prié de transporter mes ateliers à Paris, en m'offrant un local gratuit et les travaux du dépôt de la guerre. C'est également après avoir vu mes travaux que le Pape m'a offert en 1828 un palazzino, si je voulais transporter mes ateliers à Rome. C'est à la même époque que le roi Guillaume m'a gratifié du titre de lithographe royal, que je ne demandais pas, et que le célèbre Engelmann est venu me proposer une association avec lui, comme l'a fait M. Vandermaelen, lequel a gagné beaucoup d'argent avec mes procédés et les graveurs que j'avais formés. C'est également avec mes artistes et imprimeurs embauchés malgré moi, que le ministère de la guerre belge a pu créer une lithographie, en dépeuplant et ruinant la mienne, en 1830. »

M. Jobard est l'inventeur de l'éclairage par le gaz à l'eau, par le gaz carburé; devançant l'avenir il prédit quels services rendra cette idée féconde de la carburation qui est la sienne, c'est-à-dire que tous les *Chandor*, *Lévéque* et *tutti quanti* l'ont pillé comme Selligue, qui reconnaissait ainsi les droits de M. Jobard :

« Je reconnais que le brevet demandé en mon nom le 13 mars 1834, pour un nouvel éclairage au gaz inventé par M. Jobard, est la propriété de ce dernier, et qu'il sera libre d'en disposer après son obtention en France, laissant à sa volonté la part de bénéfices ou d'intérêt qu'il croira devoir m'accorder dans cette opération.   Signé : SELLIGUE.

« Paris, le 13 mars 1834. »

Cependant malgré cette attestation solennelle, M. Jobard n'a jamais tiré parti de cette découverte, mais Selligue avait eu l'adresse de vendre le brevet 100,000 fr. à M. Brunton ; puis au marquis de Valmarino, à Londres ; puis enfin à un banquier de Vienne, qui plus tard fit proposer à Jobard de racheter sa propre invention moyennant 60,000 fr. ! Il ne faut pas oublier que Dijon, les Batignolles, Saint-Vallier, Anvers ont été éclairés par le gaz à l'eau jusqu'à ce que la Compagnie continentale soit venu étouffer son rival au berceau.

« Mais ce n'est qu'un temps d'arrêt, — écrit à M. Luthereau le » directeur du Musée de l'industrie belge, — je viens de perfection- » ner la découverte au point que chaque particulier pourra s'éclairer » non-seulement pour rien, mais encore avec un bénéfice notable, » depuis que M. Saint-Clair-Deville a trouvé l'emploi du sulfate » de zinc en oxyde pour la peinture et dont il tire l'oxygène à un » bon marché fabuleux. »

M. Jobard ajoute ce qui suit :

« Par mon nouvel appareil, breveté en Angleterre et en France » au nom du célèbre peintre Gudin et d'Emile Martin, la machine » Lenoir est sauvée et donnera de la force, comme de la lumière, » comme du calorique, à bon marché. »

Pendant que nous en sommes à la question de l'éclairage, une de celles que Jobard a le plus étudiées dans sa vie, n'oublions pas son *disque de mica*, qui, placé sur les cheminées des appareils à gaz, procure une économie de 20 à 25 p. 0/0 en diminuant la rapidité du

courant et en doublant le volume de la flamme. N'oublions
pas ses *verres* et *fumivores préfendus,* destinés à éviter
les cassures si fréquentes dans les brusques changements
de température. Une fabrique avait été montée par la compagnie Beudot, à Paris, mais le gérant s'est enfui en laissant 275,000 fr. d'actions improductives entre les mains
de l'inventeur. N'oublions pas le *bec carburateur* ou *sa-
turateur,* qui permet de mélanger l'air au gaz avant la
combustion. M. Jobard avait pensé avec raison que,
l'oxigène se trouvant en contact molécule à molécule
avec l'hydrogène, la combustion serait plus complète ;
aussi ce nouveau bec réalise-t-il 35 p. 0/0 d'économie
sur le gaz de houille et 75 p. 0/0 sur le gaz portatif de
Boghead, fabriqué à l'usine de Charonne. N'oublions pas
surtout la plus populaire de ses inventions, la lampe
Jobard, dite aussi *la lampe du pauvre,* qui est un petit
chef-d'œuvre d'invention appliqué à l'économie domes-
tique. La lampe du pauvre ne consomme que 3 grammes
d'huile par heure, et donne, avec un abat-jour, une lumière utile, égale à deux chandelles ; elle garde une
même clarté durant toute une nuit sans être mouchée ;
elle est sans odeur ni fumée. Insensible aux grands vents
et à la pluie, elle est à la fois lanterne de sûreté et de
voyage, bougeoir et veilleuse. Quand on veut dormir ou
sortir, tout en conservant de la lumière, il suffit de poser une pièce de monnaie sur la cheminée pour réduire
la lumière au minimun de consommation, un centime
par nuit. Elle reprend toute sa puissance en enlevant
l'obturateur. Il n'était guère possible de rassembler plus
de conditions utiles dans un plus petit meuble. La forme
du bec a été si bien étudiée, qu'il ne peut fumer que

quand on veut le faire exprès, en tirant trop la mèche, ou en employant la plus mauvaise huile.

Cette lampe, si simple en apparence, lui a coûté dix années de tâtonnements et d'essais, plus 35,000 francs en fabrication et combinaison d'appareils divers; mais aussi il est parvenu à réduire le prix de sa lampe à un bon marché fabuleux (6 fr. la douzaine ou 75 centimes la pièce).

Elle est fondée comme une bonne partie de ses inventions, en cette matière, sur ce principe fécond de l'économie du combustible, ce qui a attiré naguère l'attention à l'exposition de Metz, où M. Jobard a représenté dignement la Belgique.

Des conférences scientifiques très-suivies eurent lieu dans cette ville.

Ce fut la lampe Jobard qui servit au savant professeur de la faculté des sciences de Nancy, de point de départ pour démontrer la possibilité de l'économie du combustible, dont la loi a été trouvée par le directeur du Musée de l'industrie belge et développée dans un mémoire présenté à l'Académie des sciences de Paris, par le maréchal Vaillant.

Cette loi, a dit le professeur Nicklès, est des plus simples, mais il n'a pas fallu moins de dix ans d'expériences et de tâtonnements à l'inventeur, pour la découvrir. Il ne nous faut pas plus de dix lignes pour la livrer à tous les industriels qui voudront en profiter. La voici :

« Pour toute espèce de combustible, liquide ou solide, » il ne faut donner à la flamme que la juste quantité » d'oxygène nécessaire à la combustion complète; tout » ce qu'on lui donne en moins ou en plus est une perte

» sèche; ainsi, quand il passe trois ou quatre fois plus
» d'air, qu'il n'est besoin par la cheminée d'une carcel
» ou d'une usine, il y a perte de lumière ou de chaleur,
» et cette perte s'élève fréquemment au tiers et plus de
» la consommation normale. »

Ceci nous conduira naturellement à la suppression des hautes cheminées.

Mais une autre source d'économie, c'est l'échauffement préalable de l'air et de l'huile, aux dépens du calorique perdu, et l'alimentation de la flamme *per descensum*, qui fait le principal mérite de la lampe Jobard, laquelle ne dépense pas plus d'un tiers de centime, ou trois grammes d'huile par heure, et permet de lire et d'écrire plus aisément qu'avec deux bougies, dépensant 10 centimes pendant le même temps. C'est donc avec raison qu'il lui a donné le nom de *lampe du pauvre*.

Il est à regretter, ajouta le professeur, qu'elle ne soit pas encore fabriquée en France.

Nous avons dit, dans l'introduction les distinctions honorifiques et les récompenses de toutes sortes que valurent à M. Jobard ses inventions.

Il était membre de 27 Sociétés savantes, et ce qu'il y a de plus beau et de plus glorieux pour lui, c'est que son idée sur la perpétuité de la propriété artistique et littéraire, à laquelle il avait voué sa vie, combattant vaillamment pour sa défense sous toutes les formes, triomphe radicalement aujourd'hui en France, et on peut bien dire que c'est surtout grâce à lui, à sa persistance et à ses travaux.

Il n'y a pas une branche des sciences, de l'industrie,

des arts utiles, où M. Jobard n'ait le droit de revendiquer quelque chose en invention et en vulgarisation.

Nous rapporterons plus bas le jugement de M. Jouanne sur l'invention de M. Jobard, nommée *chemin de fer électro-pneumatique*; disons tout de suite ce qu'il pense de lui. Voici comment il s'exprime :

« C'était une belle et noble nature que celle de M. Jobard, ce généreux champion du bien et du vrai, du juste et de l'utile. Publiciste aussi savant que spirituel, il a jeté sur toutes les questions qu'il a touchées les vives lumières de son intelligence. Juge intègre et loyal, il a toujours manifesté clairement et sincèrement ses opinions avec une indépendance d'esprit qui est un rare mérite en notre temps d'ambition et d'intrigue. Son imagination active et féconde l'entrainait quelquefois ; mais si l'on a pu nier l'exactitude de quelques-unes de ses conceptions, la justesse de quelques-unes de ses théories scientifiques, ce qu'on n'a pu nier, ce qu'on ne niera jamais, c'est sa loyauté, son intégrité, cet amour du bien et de la justice qui fut la règle invariable de sa conduite.

S'expliquant ensuite sur l'invention dont nous venons de parler, cet ingénieur distingué écrit :

» Le *chemin de fer électro-pneumatique*, proposé par M. Jobard, a pour mérite essentiel la suppression des quatre causes principales qui ont occasionné tous les accidents arrivés jusqu'ici, qui sont : le *déraillement*, les *rencontres*, les *explosions* et les *incendies*. Il présente tous ces avantages au même degré que la plupart des systèmes de chemins de fer atmosphériques, en ayant toutefois sur eux l'immense avantage de supprimer la rainure et la soupape longitudinale nécessaires pour mettre les pistons en connexion avec le convoi.

» Ce projet, disait M. Jobard, présente aux entrepreneurs des avantages notables d'économie sur les systèmes actuels, et aux voyageurs une sécurité incontestable. — Depuis cette proposition, l'auteur a vu ses idées mises en pratique par le transport des colis et des dépêches, établi à Londres depuis plusieurs années. En viendra-t-on jamais à exécuter le *chemin de fer électro-pneumatique?*

— Oui, peut-être, et son auteur ne sera plus là pour en revendiquer la gloire.

»Habitué dès longtemps à voir ses idées profiter à autrui, M. Jobard s'en consolait par la pensée d'avoir été utile ; et c'est cette pensée qui lui dictait ces dernières lignes, en songeant aux rumeurs de ceux qu'il appelait les inventicides : « Heureusement qu'il y a encore des physiciens qui savent penser, des actionnaires qui savent calculer les bénéfices d'un système aussi rationnel qu'économique, et un public qui n'est pas jaloux de trouver la mort quand il court après le plaisir. » **G. JOUANNE,** *ingénieur civil.*

Terminons ce chapitre II, déjà bien long par le jugement du savant M. Luthereau, à qui, comme nous l'avons dit, nous avons emprunté certains détails de cette biographie, surtout en ce qui touche les inventions de M. Jobard en industrie, nous souscrivons pleinement à cette appréciation.

« Jobard a la double vue de l'avenir. Ses cheveux et sa barbe ont blanchi sous le poids de ses idées ; mais son esprit et son cœur restent toujours jeunes. Dans quelques-unes de ses inventions il dépasse son siècle : voilà pourquoi il n'est pas toujours compris de ses contemporains. C'est pour cela aussi que les *inventicides* lui ont jeté des pierres ; mais il les a ramassées stoïquement pour s'en faire un piédestal, sur lequel il est aujourd'hui monté. Le grand Humboldt, son ami, l'encourageait, l'invitait à imiter son exemple et à continuer de cultiver les sciences avec cette indépendance *« sans laquelle il n'y a pas de progrès possible. »* C'est ce qu'il a fait avec courage, avec résolution, avec passion.

» Jobard a été un forgeur d'idées sans égal. « N'est-ce pas que le travail c'est la vie? » nous écrivait-il encore hier. — Oui, mon ami, c'est plus encore, car c'est la victoire, et la victoire c'est l'immortalité. »

Il nous reste maintenant à écrire un chapitre capital sur M. Jobard, penseur et philosophe.

CHAPITRE TROISIÈME.

M. Jobard n'a pas été seulement un écrivain aimable, un inventeur fécond et ingénieux, dans les sciences, les arts et l'industrie, il a été encore à la tête de l'humanité comme philosophe, laissant loin derrière lui toute l'école spiritualiste et rationaliste de France et d'Allemagne. Nous allons le prouver en le laissant constamment parler lui-même dans les lettres qu'il nous a écrites et dans quelques courts fragments écrits à d'autres. C'est un chapitre capital que nous composons, qui révèle sous un jour nouveau l'homme illustre que nous avons entrepris de faire connaître, et nous regrettons qu'il ne nous reste pas assez de place pour développer ce sujet comme il mériterait de l'être. Deux feuilletons encore quand il nous faudrait un volume ! Aussi ne nous attacherons-nous qu'aux communications vraiment importantes, et nous engageons nos lecteurs à relire plusieurs fois, ne pouvant nous livrer aux commentaires suffisants sur ces pensées éminentes et nouvelles qui paraîtraient seulement un peu obscures, faute de méditation suffisante et soutenue.

Il est bien entendu que je réunirai quelquefois plusieurs lettres de M. Jobard sur le meme sujet, lettres écrites à diverses époques ; mais, dans le résumé que je vais faire, il n'y aura rien à qui mon noble ami ne donne pleine et entière adhésion. Outre mes lettres sur la médecine, auxquelles il avait répondu admirablement, ainsi qu'on a pu le voir, je lui avais écrit sur le spiritisme, sur le plan de la révélation une, trinaire et perpétuelle de Dieu, sur l'initiation sacrée de la kabbale et ses rapports incontestables avec le mouvement actuel de l'humanité. Ces lettres, je ne les publierai pas, car l'humanité ne peut pas présentement les porter, et dans les réponses que m'en fait M. Jobard, je ne prendrai que ce qu'il faut, ce qu'il est de la volonté de Dieu de révéler aujourd'hui aux hommes grossiers de notre terre infime.

Il va sans dire que je supprimerai dans toutes ces lettres toute allusion politique, même la plus éloignée, notre journal ne se mêlant pas de cela.

PENSÉES SUR UNE SYNTHÈSE PHILOSOPHIQUE ET RELIGIEUSE AU XIXᵉ SIÈCLE, D'APRÈS M. JOBARD.

« L'humanité est dans l'attente ; elle est à une de ses époques solennelles ; elle touche à une nouvelle évolution qui sera la révélation exotérique et pour tous de la loi trinaire résumée dans le quaternaire, connue de toute antiquité, mais exotériquement et pour les initiés seuls.

» Akiba, l'auteur du *Livre de la Création* et Simon ben Jochaï, l'auteur du *Zohar*, du grand et du petit *Idra* dont vous m'avez envoyé de splendides et décisifs passages, parlent à l'envi des trois mondes que leurs disciples postérieurs nommèrent mondes *naturels, abstractifs et intuitifs*, résumés dans une quatrième catégorie de mondes, le *Sepher* ou la couronne suprême, que des cabbalistes plus modernes ont nommés *matériels, spirituels et célestes*, avec leur couronnement par les mondes *divins*.

» Un homme extraordinaire, simple pâtre, sublime ignorant; nous a révélé dans deux livres immenses *la Clé de la vie* et *la Vie universelle*, les mathématiques vivantes et fonctionnantes du grand, du petit et de l'infiniment petit *Cosme*. Reprenant en sous-œuvre la grande pensée de Jacotot, tout est dans tout, il a vu et décrit partout l'analogie universelle qui permet d'appliquer à toutes choses la loi des trois règles aboutissant à une règle supérieure qui les unifie, qui n'est pas spéciale et particulière elle, et qui a, avec les trois premières toutes un point de contact par où l'identification est possible.

» Ce point de contact c'est l'*amour*, d'abord aveugle et se résumant dans une addition sans choix; ensuite, devenu plus rationnel et plus justifié par la soustraction du mal et la pureté des produits; se multipliant enfin par la fusion de ces produits éprouvés. Puis à la tête, et comme pour réunir et identifier tous ces amours en apparence divers, l'amour vrai, parfait, intelligent, qui, par une division sûre met chaque chose à sa place et distribue tous les éléments à leur rang, les rendant tous à l'ordre dont ils viennent et auquel ils ont droit infailliblement.

» Sur les pas de ce grand génie tout s'explique, tout se comprend, car la loi trinaire, unie dans le quaternaire, est la *clé de l'univers et de l'homme*, du *macrocosme* comme du *microcosme*. Tout cela était en germe dans l'humanité. La filiation de ce magnifique système avec la cabbale est manifeste, et pourtant Louis Michel est un paysan illétré, ignorant, qui ne connaissait pas même de nom auparavant ses illustres précurseurs dont nous avons parlé.

» D'où vient donc cette étrange ressemblance? D'où elle vient? ah! pauvres humanimaux, faut-il vous le dire : elle vient de la même source, de l'inspiration divine, du mysticisme et de l'illuminisme résultant de communications avec l'esprit de Dieu, un avec le christ et le père, et que le fils avait annoncé et promis. (*Lettres de mai et de fin août 1861 combinées et réunies.*)

» La loi trinaire et le quaternaire se retrouvent partout, ainsi de la philosophie ; le matérialisme, le spiritualisme, le rationalisme correspondent exactement aux trois ordres ; vient ensuite le divin, nommé le traditionalisme, le révélationisme, et mieux l'illuminisme, le mysticisme, l'initiation d'en haut. Le traditionalisme est une appellation décriée, parce que l'obscurantisme s'en est servi et que l'immobilité stupide des pseudo-chrétiens en a excipé, en prétendant que la révélation était complète de par le Christ, et qu'elle ne faisait plus de progrès. Mais c'est une opinion absurde et satanique. Dieu intervient toujours dans l'humanité par une révélation continue, progressive, qui ne s'arrêtera qu'à la consommation finale, et même qui suivra notre planète transfigurée dans les cieux. Vous l'avez démontré d'après Ballanche, votre maître, soit dans *l'Examen des Questions*, soit dans *l'Echo catholique*, et cette manière de voir est irréfutable. Le matérialisme a sa part de vérité tout comme le spiritualisme ; ils sont vrais tous deux dans ce qu'ils affirment, faux seulement dans ce qu'ils nient, et représentent deux points de vue différents de la même réalité. Le rationalisme aussi, qui met en relief la portion céleste de l'âme, la raison, ce point de départ de toute intelligence, est vrai en tant qu'il n'est pas exclusif, qu'il ne veut pas nous parquer dans les limites infranchissables de la raison pure, qu'il ne lui coupe pas le fil d'or qui, selon Platon, la rattache au ciel. Et la vérité la plus haute se trouve dans le mysticisme ou l'initiation d'en haut, c'est-à-dire dans cette doctrine qui met tout à son rang, qui classe et explique tout par son élément propre, le matérialisme par le matériel, le spiritualisme par le spirituel, le rationalisme par le céleste, et qui en prouve l'unité identique, l'ana'ogie parfaite, dans le divin qui efface les prétendues oppositions, les embrasse, les confond, et fait une synthèse inséparable de leurs éléments dispersés.

» Tout cela, nous ne pouvons y arriver que par l'illuminisme inspiré, par une communication incessamment renouvelée de Dieu et de ses envoyés avec l'âme humaine. On perd sans doute à ce commerce ineffable cette raison altière, orgueilleuse, qui se suffit ou a la prétention de se suffire. On y gagne une raison plus

calme, plus humaine, par là même qu'elle est plus divine, plus inébranlable en un mot à tous les sophismes, pure et sereine comme
la vérité..... » (10 mai 1861.)

Il m'écrivait, cinq jours plus tard, sur le même sujet,
le petit fragment que voici :

« Vous me dites que M. X... vous recommande de vous tenir
ferme sur l'autel de la raison et de vous séparer du mysticisme.
Cela n'est pas possible, car il abdiquerait ; il y a là quelque malen-
tendu. Il ne comprend peut-être pas très-bien le sens du mot mysticisme, car nos humanimaux ont pris à tâche de dénaturer et de
décrier les appellations les plus sublimes. Vous me demandez ce
que j'en pense. Je pense, corbleu ! qu'il fait jour en plein midi,
que le miel est doux, l'absinthe amère, et que votre serviteur n'est
plus jeune malheureusement. L'illuminisme, l'initiation d'en haut,
c'est le divin, supérieur par son identification omniverselle aux
trois ordres et aux trois mondes. Je pense et j'affirme ceci : la raison seule et séparée de Dieu ne vaut pas une pipe de tabac, même
du caporal, dont tout le monde se plaint, quoique ce produit se
vende, cette fois du moins, avec la garantie du gouvernement. »

(16 mai 1861.)

« Aroux a démontré très-clairement que Dante était un initié à la
gnose secrète, et que la divine comédie était tout entière composée
dans le but de cette exaltation incomprise. Il le prouve aussi de
Pétrarque, du Tasse, de l'Arioste, de tous les grands philosophes
passés et présents, de façon qu'il y a une chaine ininterrompue d'initiés à la doctrine spirituelle, à la loi trinaire formant le code divin
de l'univers, de façon encore que le mot *il n'y a rien de nouveau
sous le soleil* est très-vrai ; seulement notre siècle à la mission de
comprendre et d'appliquer à tout cette *clé* qui ouvre toutes les portes, de faire passer dans l'opinion vulgaire ce qui n'a été jusqu'à
présent réservé qu'à un petit nombre d'élus, et ainsi d'omniversali-
ser la science et l'élection, afin de préparer le règne de Dieu, sur
lequel vous avez si bien écrit. — 2 avril 1861. »

« Mars 1861.

» Tous les mondes de Dieu (et le nôtre est un des matériels
inférieurs) sont soumis comme chaque chose de l'univers à la loi

divine, c'est-à-dire au développement normal trinaire, ainsi après Moïse, sur lequel vous m'avez envoyé une excellente étude et qui était chargé, Messie embryonnaire, de tracer les linéaments de la loi, est venu le Christ, véritable fils unique de Dieu, verbe incarné, ayant pour mission de développer le décalogue, et Messie matériel, de mourir s'il le fallait pour le salut de notre mauvaise planète. On sait qu'il n'a pas failli au mandat qu'il avait reçu du Ciel. Il doit revenir prochainement, soit par lui, soit par son esprit, et ce sera son avénement spirituel qui précédera son retour céleste. Car il y a dans chaque monde un triple avénement du Messie, toujours le même, toujours la même volonté de Dieu, toujours fils unique du père, et ce Messie homme est constamment suivi d'une femme, fille unique du père elle aussi, Vierge céleste et immaculée, sa mère à la première venue, à la seconde sa compagne ou sa sœur, à la troisième son épouse harmonieuse et mystique.

M. Jobard termine ainsi cette lettre, où il me parle de divers sujets, et dont je n'ai extrait que le fragment ci-dessus, faute de place :

« Si la curiosité sainte et libératrice portait tous les hommes à lire vos ouvrages comme précurseurs, ceux de Louis Michel comme révélateurs et fondateurs de la doctrine spirituelle, le royaume de Dieu serait bientôt constitué sur la terre. Ainsi soit-il ! »

« Avril 1861.

» Le christianisme est destiné aussi à accomplir ses trois évolutions matérielle, spirituelle et céleste, pour aboutir dans les cieux et pour notre humanité transformée au véritable catholicisme, à *l'omniversaïsme*. Il n'est encore qu'au premier degré, et comme notre monde est mauvais encore, l'esprit du mal s'est glissé parmi les fidèles et ceux qui les dirigent. Le christianisme, à son développement matériel, nécessitait une foule d'enveloppes, de voiles, de mystères qui seront peu à peu découverts, il fallait des formules pour l'humanité grossière, et Satan par une habileté inouïe les a fait prendre pour des dogmes immuables, il a mêlé lui-même l'essentiel avec le puéril, la vérité éternelle avec ce qui est purement cérémonie et transitoire. Mais Dieu veille sur nous, les temps sont venus d'une prodigieuse et nouvelle manifestation de son esprit, par laquelle tous les abus seront réformés ; le christianisme restitué à sa pureté primitive, bien plus spirituellement et rationellement expliqué, l'essence véritable des dogmes, ces assises de la réalité suprême, sera seule maintenue, et mise-d'accord cette fois avec le bon sens de l'humanité. C'est alors que commencera ce règne de Dieu mille fois prédit par les prophètes d'Israël, enseigné par le Christ, notre divin maître, à ses disciples chéris, et dont Saint Jean l'évangéliste a transmis la tradition secrète aux anciens, à saint Papias, saint Polycarpe, selon le véridique témoignage de saint Irénée, que vous avez mis en relief dans votre *Règne de Dieu* et dans *l'Echo catholique* (sur la fin). Le Christ a dit, en parlant de lui-même : Je suis la voie, la vie, la vérité. Il s'est incarné matériellement pour montrer aux hommes la voie, il vient spirituellement leur expliquer et leur donner la vie, il viendra plus tard fluidiquement leur enseigner la vérité. Je crois avec vous d'une foi pleine et entière aux magnifiques promesses du Christ et à ses paroles qui ne passeront point, car il était véritablement fils de Dieu. »

« Lettre sans date.

» Non seulement il faut compter trois époques solennelles dans la vie religieuse de l'humanité, mais encore à chaque mouvement de Dieu, à chaque évolution de sa providence, le matériel, le spirituel et le céleste sont représentés. C'est ainsi que le spiritisme a pris les devants, représentant le matériel à notre époque... Vous avez été le précurseur du spiritisme par vos ouvrages, où vous enseignez la préexistence, les vies successives, et où vous combattez partout et toujours l'éternité des peines, il y a telles de vos pages qui, écrites en 1845-47, seraient prises aujourd'hui pour des dictées des esprits supérieurs. Mais vous êtes encore le précurseur *d'autre chose* puisque vous entrevoyez dans les limbes fortunés de l'avenir, le prophète ancien et moderne, l'envoyé des temps futurs, chargé de nous donner la clé des philosophies, des cosmogonies, et de relier la terre entière au culte du vrai Dieu adoré en esprit et en vérité, vous annoncez formellement sa venue dans deux de vos traités, dont j'ai soigneusement annoté les passages.... Joseph de Maistre, un sublime précurseur aussi, a prédit les mêmes événements immenses dans l'ordre religieux. Il dit que lorsque viendra la moitié de notre siècle, la raison pure, étroite et bornée de l'homme fera place à la science illuminée. Le temps où nous entrons avait été prédit également par les prophètes juifs qui avaient parlé à l'envi d'une diffusion prodigieuse de l'esprit de vérité dans toute intelligence et dans toute chair. Donc, arrière humanimaux, place à l'initiation venue du Ciel!

Ecoutez encore ce que nous pouvons vous faire connaître des splendides et merveilleuses pensées de M. Jobard.

M. Jobard m'écrivait ainsi qu'il suit :

« Quelques individus, et je les plains, parce qu'ils ne sont pas
» encore assez avancés, pourront prétendre que l'homme, avec sa
» raison seule et avec la connaissance qui lui sera donnée de la
» loi de Dieu telle que nous l'avons indiquée précédemment,
» pourra se suffire. Non pas, car cette loi de Dieu ne pourrait servir
» utilement de critérium. Ce serait une lettre morte sujette à dis-
» cussion et bientôt abandonnée. Il faut pour qu'elle exerce une in-
» fluence vivante, qu'elle soit continuée et développée par l'inspi-
» ration divine ; donc, l'illuminisme est le divin, est la couronne
» suprême de toutes choses. »

Nous approuvons entièrement et immuablement cette dernière pensée de notre grand ami, et nous disons avec lui : Téméraires, n'imposez ni limites, ni conditions au vrai mysticisme, à l'initiation d'en haut qui est perpétuelle; ne coupez pas le fil d'or du ciel après Moïse, comme quelques-uns, ne le coupez pas davantage après le Christ, comme plusieurs sectes le veulent, ne le coupez pas après tout autre avènement solennel et futur. Dieu doit constamment entretenir des relations avec les hommes de la terre, et leur communiquer une sagesse toujours ancienne et en même temps toujours nouvelle, car elle a son germe dans le passé, son développement dans le présent et sa puissance pour l'avenir.

Dans toutes les autres lettres que m'écrit M. Jobard sur le même sujet et que je ne rapporte pas pour éviter les répétitions, et faute de place, il me témoigne ses croyances vives, inspirées dans un avenir prochain qui sera le règne de Dieu dans l'humanité, destinée à n'avoir *qu'une seule religion, une seule patrie, un seul langage* et à ne former qu'*une seule famille.*

Je dois encore rapporter pourtant une dernière citation qui sera tirée d'un fragment de sa lettre du 25 juillet 1861, datée de Metz et écrite à un haut personnage; il renferme les plus précieux conseils :

« **Laissez** déblatérer les humanimaux qui ne connaissent et n'estiment que les jouissances de la matière ; élevez votre esprit audessus de ces misères, — amassez des trésors de science et de vertu qui s'attachent à l'esprit et qui seuls le suivront dans l'éternité. S'il y a tant de mal sur la terre et si peu de bien, l'explication en est simple, c'est que la terre est un lieu d'expiation et d'épuration ; vous pouvez donc vous regarder tous comme des repris de la justice divine plus ou moins avancés, plus ou moins corrigés ; le plus prudent est de vous méfier de tout le monde, tout en vous entr'aidant, vous tolérant et vous aimant comme des frères aussi malheureux les uns que les autres, depuis le roi jusqu'au mendiant ; *mais sachez qu'il y a parmi vous de grands esprits en mission de dévouement, comme il y a des aumôniers dans les prisons,* suivez leurs conseils et ne les crucifiez pas, car c'est pour votre rédemption qu'ils se sont incarnés parmi vous. »

On nous demande de toutes parts si nous adoptons toutes les idées de notre bon et cher auteur. Nous allons satisfaire nos lecteurs par la reproduction résumée de nos objections, qui nous servira de jugement sur ses doctrines loyales, après tout, et personne n'a le droit d'en douter :

« Je ne nie pas, disais-je à mon illustre ami, la réalité

des manifestations actuelles, seulement je vous recommande la plus grande prudence et la plus extrême circonspection. Les âmes des morts se divisent en âmes qui descendent pour des punitions et des expiations plus douloureuses, en âmes qui attendent, et l'attente chez elles est un grand bonheur, est une promesse assurée de salut et d'avancement, quoique retardé ; les autres montent suivant leurs mérites et vont à des demeures d'autant plus radieuses, d'autant plus rapprochées de Dieu qu'elles ont progressé dans le vrai et dans le bien sur notre misérable séjour.

» La première catégorie de ces âmes (les âmes descendantes), vous ne pouvez éspérer les évoquer, et d'ailleurs cela fût-il possible que l'humanité n'y gagnerait rien. Elles sont immédiatement soumises à des liens plus grossiers, plus matériels qu'ici bas et ne sont point aptes à remonter pour vous répondre.

» Quant à celles de la seconde catégorie, elles vous répondent le plus fréquemment, mais comme ce sont des âmes médiocres, indécises, qu'avez-vous à en espérer ? Rien, que de très-faibles résultats, des regrets de leurs fautes ou plutôt de leurs omissions, une vue bornée de Dieu qu'elles n'entrevoient qu'à travers les nuages de leur espérance, qui ne sera pas, à la vérité, trompée. Mais croyez bien que sur cent manifestations qui prennent des noms pompeux et usurpent le respect des évocateurs, il y en a quatre-vingt-dix-neuf qui ne s'élèvent pas plus haut que la simple attente.

» Parlerez-vous des âmes supérieures et récompensées de Dieu, qui les a fait parvenir (soit que le séjour de la terre fût pour elle une mission ou encore une épreuve) aux mondes spirituels et célestes, ou même aux mondes divins, ces frères et sœurs des anges et des archanges, jouissent à la vérité de tous les contacts, ils peuvent intervenir parmi nous pour prodiguer, à ceux qui leur sont sympathiques, les plus tendres conseils ; ils peuvent, je l'avoue, avec la permission formelle de Dieu, nous entourer de leur protection et de leur assistance et nous faire entendre leur voix bienveillante. Mais combien il faut être pur, mon ami, pour n'avoir que de pareilles communications, pour entretenir ainsi un commerce avec les cieux, que l'Eglise chrétienne a nommé à bon droit la communion des saints. Saints, le sommes-nous ? et n'y a-t-il pas trop d'orgueil à nous d'agir comme si nous l'étions ? voilà mon doute. Et quand je vois que la terre est encore au pouvoir de l'esprit du mal et de ses satellites nombreux, n'y a-t-il pas prudence de ma part à vous dire : Défiez-vous et n'agissez dans tout cela qu'avec la plus grande réserve. »

Voilà le résumé loyal, complet, de mes lettres critiques à M. Jobard et de mes observations. Certes je suis loin de les donner comme la vérité, mais je puis dire, du moins, que c'était à l'époque où j'écrivais une appréciation consciencieuse de ma part.

A présent que j'ai manifesté ma pensée et mon âme, je conclus :

CONCLUSION.

Nous avons dit au fur et à mesure ce que nous pensions de M. Jobard écrivain, savant et inventenr philophe ; nous avons même cité les jugements de savants plus compétents que nous. Il en résulte que, malgré tout, M. Jobard est un mort illustre, qui doit être aussi vivant dans les souvenirs de l'humanité, qu'il l'est au sein de Dieu et de la lumière qui a été sa récompense, et qu'il avait pleinement entrevue ici-bas.

Ce que nous avons à dire pour compléter cette imparfaite biographie, c'est la bienveillance de l'homme, ce sont les qualités de son cœur. Toujours prêt à rendre service, à patroner tout inventeur, n'eût-il que peu de mérites, pourvu qu'il y eût du bon dans son idée ou dans sa découverte. Ainsi, l'excellent Jobard ne voyait que le côté favorable de l'invention, palliant ses défauts et son imperfection. Nous aurions mille exemples à citer pour appuyer notre thèse ; nous ne voulons en rapporter qu'un, parce qu'il sera familier aux abonnés de notre journal, qui connaissent l'ouvrage intitulé *la Clé de la Fortune*, de notre savant directeur, M. Gondy, puisqu'ils le reçoivent en prime. Voici ce qu'écrivait à propos de ce traité, M. Jobard, dans le n° du 16 mai 1861, du Journal de Bruges :

PHOTOGRAPHIE HORTICOLE.

Un journal de Lyon, *l'Industriel Français*, paraît être dirigé par un Français industriel, dans la bonne acception du terme. Parmi les procédés, recettes, découvertes et méthodes qui lui passent journellement sous les yeux, dans le dépouillement de la masse immense de journaux et de livres qu'il reçoit, il s'est dit qu'il y avait là une source inépuisable de richesses qui tombent chaque jour de l'arbre de la science dans le fleuve de l'oubli ; mais le moyen de discerner les canards des phénix, les fruits mûrs des fruits sauvages, en un mot les recettes véridiques des recettes hasardées, n'était pas le fait d'un de ces coupeurs insouciants, auxquels on a coutume d'abandonner cette partie de la confection des journaux, à mon sens la plus importante, car choix de pensée est invention, comme a dit Voltaire : or, que pouvez-vous attendre des frères ciseaux, rédacteurs jumeaux, quand c'est un aveugle qui lui fourre

les doigts dans les yeux? Ils sont néanmoins assez prudents pour
faire précéder leurs coupures de cette rubrique stéréotypée : Nous
ne garantissons pas la réalité de la recette suivante. Mais dans ce
cas, ne la donnez pas, plutôt que de la tuer avant de la faire revivre; cela ressemble à ce farceur de village qui vendait son rossignol
et l'étranglait avant de le livrer.

Le directeur de l'*Industriel Français*, M. J.-B. Gondy, a mieux
compris sa tâche, en faisant un choix judicieux et raisonné, dans
la masse de procédés d'une application facile et utile à tout le monde;
il en a fait un livre de 3 francs, intitulé *la Clé de la Fortune*, et
nous sommes persuadés que la moindre de ces recettes, exploitée
en grand, ferait autant de fortune qu'il le croit et l'annonce.

Mais il fallait être un savant quasi universel pour réussir dans
une pareille entreprise.

On jugera de sa sagacité par le procédé suivant de son invention,
pour couvrir les fruits de dessins et d'inscriptions de toute espèce.
Il suffit de découper ces dessins dans un écusson de papier noir, et
de le fixer sur les plus beaux fruits, au moment où ils commencent
à se colorer ou soleil; on comprend que la partie couverte reste
blanche et se détache admirablement des parties laissées à décou-
vert jusqu'à la cueillette. Quels jolis cadeaux, quelles galantes dédi-
caces nominales! Cela vaudrait bien les plates devises des confiseurs,
les œufs de Pâques bariolés des Russes et les sélams des Turcs! Cet
art s'appelera un jour la photographie horticole, car il peut aussi
bien s'appliquer aux fleurs et aux feuilles qu'aux fruits. Nous pen-
sons qu'il devrait s'appeler *Gondygraphie*, au même titre que
héliographie s'appelle *Daguéréotypie*

Cet article, où l'on retrouve toute la verve savante de
l'éminent écrivain, est un acte de courtoisie et de juste
bienveillance, comme on les enregistrerait dans sa vie
par milliers.

Maintenant, je fais un retour sur mon travail incomplet.
Je n'ai apporté qu'une bien faible pierre au monument
de gloire que dressera à M. Jobard la postérité recon-
naissante. Tout me manquait pour cette œuvre gran-

diose, le temps, l'espace, le talent. Je lègue cette esquisse aux historiographes qui ne manqueront pas de
surgir pour vanter dignement cette belle renommée.

Je t'adresse, en finissant, un dernier adieu, ô noble
ami, une dernière prière, ô frère bien-aimé. Quand viendra le moment si désiré de mon cœur, auquel je pense
tous les jours, où mon âme radieuse quittera sa dépouille
grossière, viens, oh! viens à ma rencontre pour m'aider
à sortir du trouble passager de la mort, sers-moi d'intro-
ducteur auprès de notre père céleste, dont tu as été ici-
bas, dont tu es toujours le vaillant ouvrier.

FIN.

ERRATUM.

Page 58, avant-dernière ligne, au lieu de *exotériquement*, lisez
ésotériquement.

9 782329 693279